OBSERVATIONS ET RÉFLEXIONS

SUR LE DÉVELOPPEMENT

DE

L'INTELLIGENCE

ET DU LANGAGE

CHEZ LES ENFANTS

OUVRAGES DU MÊME AUTEUR

Examen critique des historiens anciens de la vie et du règne d'Auguste. — 1844, in-8.

Introduction à l'étude de la littérature grecque, Essai sur l'histoire de la critique chez les Grecs, suivi de *la Poétique* d'Aristote et d'*Extraits de ses Problèmes,* avec traduction française et commentaires. — 1849, in-8.

Apollonius Dyscole, *Essai sur l'histoire des théories grammaticales dans l'antiquité.* — 1854, in-8.

Sermonis latini vetustioris reliquiæ. — 1843, in-8.

Longinus, *De sublimi, cum appendice hactenus inedita.* — 1837, in-16.

Varro, *De lingua latina.* — 1837, in-16.

M. Verrii Flacci *fragmenta, S. Pompei Festi fragmentum.* — 1838, in-16.

Mémoires de littérature ancienne. — 1862, in-8.

Mémoires d'histoire ancienne et de philologie. — 1863, in-8.

Observations sur un procédé de dérivation très fréquent dans la langue française et dans les autres idiomes néo-latins. — 1864, in-4.

Études historiques sur les traités publics chez les Grecs et chez les Romains. — Nouvelle édition, 1866, in-8.

L'Hellénisme en France, Leçons sur l'influence des études grecques dans le développement de la langue et de la littérature française. — 1869, deux volumes in-8.

Notice sur un papyrus gréco-égyptien inédit, appartenant à la Bibliothèque de l'Université d'Athènes. — 1873, in-4.

Notions élémentaires de grammaire comparée, pour servir à l'étude des trois langues classiques. — Huitième édition, 1880, un volume in-12.

7085. — Imprimerie A. Lahure, rue de Fleurus, 9, à Paris

OBSERVATIONS ET RÉFLEXIONS

SUR LE DÉVELOPPEMENT

DE

L'INTELLIGENCE

ET DU LANGAGE

CHEZ LES ENFANTS

Par M. E. EGGER

MEMBRE DE L'INSTITUT

QUATRIÈME ÉDITION

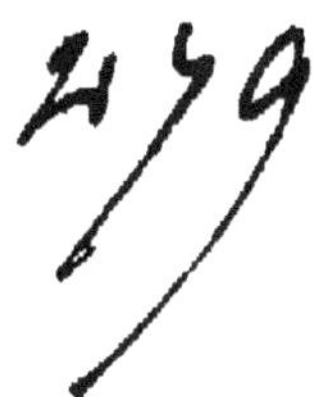

PARIS

ALPHONSE PICARD, ÉDITEUR

82, rue Bonaparte, 82

1883

EXTRAIT DU COMPTE RENDU

DE L'ACADÉMIE DES SCIENCES MORALES ET POLITIQUES

RÉDIGÉ PAR M. CH. VERGÉ

Sous la direction de M. le Secrétaire perpétuel de l'Académie

A MON FILS

VICTOR EGGER

AGRÉGÉ DE PHILOSOPHIE

. EN SOUVENIR

DE SON UTILE CONCOURS

POUR LA RÉVISION DE CE MÉMOIRE

Mars 1879.

E. EGGER.

OBSERVATIONS ET RÉFLEXIONS

SUR LE DÉVELOPPEMENT

DE

L'INTELLIGENCE

ET DU LANGAGE

CHEZ LES ENFANTS

AVANT-PROPOS

Ce Mémoire n'a pour objet que d'offrir à la psychologie un certain nombre d'observations faites avec un soin scrupuleux, rédigées avec une sincérité absolue, interprétées sans préoccupation d'aucun système préconçu, d'aucune théorie sur l'âme et ses facultés. L'auteur n'est pas un philosophe de profession, mais il est père, et, à plusieurs reprises, ayant observé chez ses propres enfants les progrès de l'intelligence et du langage, il s'est plu à en prendre note. Un mémoire du médecin Th. Tiedemann[1], dont les observations,

[1] Ce mémoire, peu connu, dit-on, même en Allemagne, a été traduit en français par M. Michelant, et publié dans le *Journal général de l'instruction publique* en avril 1863.

malheureusement, ne s'étendent pas au-delà de la quatrième année de l'enfance, un Mémoire de M. Bouchitté[1], quelques pages d'un livre italien de Niccolo Tommaseo[2], sont les seuls écrits qu'il ait lus avant de songer à écrire lui-même sur cette matière. Ses notes étaient presque toutes recueillies quand M. Albert Lemoine a publié son excellent livre sur *La physionomie et la parole*[3], et il a été heureux de se voir d'accord sur quelques points avec un observateur si attentif et si pénétrant.

Quelques autres remarques extraites d'ouvrages anciens ou modernes trouveront, à l'occasion, leur place soit dans le texte, soit dans les notes du présent Mémoire. Quant aux vues du profond géomètre G. Lamé sur l'âge ou s'éveille et se développe la faculté du raisonnement mathématique[4], si importantes et si ingénieuses qu'elles soient, on n'a pas eu à en profiter ici, parce qu'elles se rapportent à un âge où l'éducation régulière exerce une action considérable dans le développement de l'intelligence. Or, ce que l'on s'est surtout et presque uniquement proposé, c'est d'étudier l'esprit des enfants durant la période où il se développe par l'effet d'une forc

---

[1] *De la spontanéité du développement sensible-intelligent dans les enfants nouveau-nés* (t. I des Mémoires de la Société des sciences, etc., de Seine-et-Oise).

[2] *Sull'educazione*, p. 62-82 : *Giornale d'una madre.*

[3] Paris, 1866, in-12.

[4] *Resumé de plusieurs discours préliminaires sur les programmes des science s exactes* (Paris, 1866, in-8).

toute spontanée. Cette période paraissait la plus intéressante parce qu'elle avait été moins observée que les autres et parce qu'elle laisse mieux voir le jeu naturel des facultés appelées à prendre plus tard un rôle si important dans la vie de l'homme.

Si l'on a dépassé cette limite par quelques observations sur les sourds-muets, c'est que, chez les sourds-muets, surtout chez ceux qui le sont de naissance, le développement intellectuel et moral est, sauf de très rares exceptions, en retard de plusieurs années sur celui des autres enfants : la période de l'enfance que nous étudions se prolonge pour eux jusqu'à douze ou quatorze ans, moins encore par résistance ou faiblesse de la nature que par la fatalité d'une condition qui presque toujours laisse le sourd-muet dans l'isolement durant les six ou sept premières années.

Paris, juin 1871.

P.-S. — D'autres travaux m'ont longtemps détourné de publier ce Mémoire. Je m'y décide aujourd'hui en voyant combien le sujet que j'y traite semble de plus en plus à l'ordre du jour parmi les philosophes[1]. En relisant mon travail,

---

[1] Depuis que j'ai lu ces pages devant l'Académie des sciences morales et politiques, en juin 1871, des études sur le même sujet ont été publiées par M. Taine, dans la *Revue philosophique* (janvier 1876); par M. Ch. Darwin, dans la *Revue scientifique* (14 juillet 1877); par M. Pollock, dans le *Mind* (juillet 1878); enfin par M. Bernard Perez, dans son ouvrage intitulé : *Les trois premières années de l'enfance* (Paris, G. Baillière, 1878).

je sens tout le premier qu'il laisse à désirer sur bien des points. J'aurais voulu pouvoir y consigner une série plus complète d'observations rangées par ordre de dates et de matières; mais j'ai mieux aimé y laisser des lacunes que de les remplir soit par des emprunts aux livres des philosophes qui ont traité le même sujet, soit par des souvenirs trop vagues ou par des témoignages recueillis de la bouche de personnes peu habituées à ce genre d'observation délicate. Cette réserve me semble plus conforme aux lois d'une sévère méthode.

Quant aux interprétations que je me suis permises des phénomènes observés, j'aurais pu les développer plus longuement sans ajouter à leur autorité. Elles ont plutôt pour objet de poser des problèmes que de les résoudre. En général, je voulais surtout susciter des recherches nouvelles sur cette période de la vie humaine que les philosophes ont rarement décrite avec une précision vraiment scientifique, et montrer par quels points une telle étude se rattache aux plus intéressantes questions que soulèvent l'histoire littéraire et la philologie comparée (Novembre 1878).

PREMIÈRE PARTIE

LE PREMIER AGE.
ACTIVITÉ, SENSIBILITÉ, PREMIÈRES MANIFESTATIONS
DE L'INTELLIGENCE.
PREMIERS ESSAIS DU LANGAGE.

OBSERVATION PRÉLIMINAIRE. — Dans le premier âge, le progrès se marque d'un jour à l'autre, puis d'une semaine à l'autre, puis de mois en mois, puis d'année en année.

L'âge où l'enfant n'a pas encore de maître à proprement dire est peut-être celui où il apprend le plus et le plus vite. Que l'on compare le nombre des idées acquises entre la naissance et l'âge de cinq ou six ans avec celles qu'il acquiert dans les années suivantes, on sera étonné de cette précocité féconde.

Il est vrai que, dans cette première période, la mémoire et l'attention s'exercent plus que la raison. C'est la raison et ses méthodes qui se développent ensuite et qui deviennent les instruments d'un progrès de plus en plus rapide. Vers neuf ans, je vois cette activité de l'esprit s'accroître au point qu'il faut presque, par prudence, la contenir et lui épargner les occasions de s'exercer, de peur qu'elle ne se fatigue et ne s'épuise. Le besoin d'explication sur toute chose qui a frappé l'espri de l'enfant devient presque un embarras pour les parents. La vie des villes, la fréquence des relations sociales et des conversations intéressantes, est, sous ce rapport, un excitant qui a ses dangers pour la santé de l'intelligence, et, par contre-coup, pour celle du corps ; il n'est pas bon que le développement intellectuel soit prématuré ; il faut qu'il se produise dans un juste équilibre de toutes les forces physiques et morales.

Il y a chez les enfants des faits qui tiennent à l'intelligence ; il y en a qui tiennent à l'instinct. Ceux-ci commencent au début même de la vie, ceux-là bientôt après les premiers, plus ou moins tôt selon la perfection des organes dont la nature a doué chaque enfant.

Dans le sein de sa mère, l'enfant n'a guère qu'une vie d'emprunt ; il est comme un organe particulier de celle qui le porte ; il communique avec la substance qui le nourrit au même titre que le pied, que tout autre membre. Déjà pourtant il a une sensibilité et des mouvements qui lui sont propres : il s'agite, parce qu'il souffre, soit par une cause extérieure à lui, soit par suite de son immobilité même ; car, pour les êtres destinés au mouvement, l'immobilité est une souffrance, quand elle se prolonge au-delà du repos nécessaire. Ces mouvements sont surtout fréquents et sensibles à partir du cinquième mois de la gestation ; l'enfant, jusque-là, ne semble avoir qu'une vie purement végétative.

Une fois hors du sein de sa mère, une fois plongé dans l'atmosphère qui pénètre et anime nos poumons, l'enfant prend possession de cette nouvelle vie par des *actes* qui révèlent avec évidence l'*animal*. Il a une faculté de locomotion, incomplète et bornée, il est vrai ; il agite ses bras, ses jambes, par une réaction sans but et aveugle, presque mécanique, de ses muscles contre la douleur ; et, chose plus importante, il est un acte au moins qu'il accomplit déjà en vue d'un but, en vue d'un objet déterminé : mise en contact avec le sein de la nourrice, la bouche s'ouvre et s'adapte au bouton d'où elle aspire le lait par une opération physique très simple en apparence, bien extraordinaire pourtant, si l'on songe à la complexité du mécanisme employé. C'est là un phénomène d'instinct. Peu d'enfants hésitent dans cette première opération, peu se perfectionnent en la pratiquant ; presque tous savent téter dès le premier jour, et, ce qui est bien remarquable, ce qui caractérise surtout le phénomène de l'instinct, cette opération si naturelle, si facile à l'enfant pendant toute la durée de l'allaitement, lorsqu'il l'a désapprise par le sevrage, sauf de rares exceptions, il ne peut plus la rapprendre : il *boit* dans un vase, ce qui est un mode d'absorption analogue, mais il ne *tète* plus, il ne veut plus et ne sait plus téter.

Ainsi, mouvements mécaniques d'une part, et, de l'autre, fonctions *intelligentes*, mais *sans conscience*, fonctions dirigées par l'intelligence de la nature en quelque sorte, plutôt que par celle de l'être qu'elle a produit : voilà tout le développement de la vie active pendant les premiers mois. Quant aux fonctions organiques qui assurent le développement des membres, elles sont, sauf les excrétions, ce qu'elles resteront toute la vie, semblables à celles qui assuraient le développement du fœtus, insensibles toutes les fois qu'aucun désordre ne les altère, étrangères à toute intervention d'un acte quelconque de volonté ou d'intelligence.

La sensibilité offre, durant cette première période, un caractère particulier que Buffon et Lacépède ont assez bien décrit. Buffon s'exprime ainsi : « Il paraît que la douleur que l'enfant res-« sent dans les premiers temps et qu'il exprime « par des gémissements n'est qu'une sensation « corporelle, semblable à celle des animaux, qui « gémissent aussi dès qu'ils sont nés, et que les « sensations de l'âme[1] ne commencent à se ma-« nifester qu'au bout de quarante jours; car le « rire et les larmes sont les produits de deux sen-« sations intérieures qui toutes deux dépendent de « l'action de l'âme.....; toutes deux sont des pas-« sions qui supposent des connaissances, des

---

[1] Nous faisons toutes réserves à l'égard de cette distinction des sensations *corporelles* et des sensations *de l'âme*, qui ne serait admise aujourd'hui par aucune école de psychologie.

« comparaisons et des réflexions. » Et Lacépède [1] :
« Ce n'est que vers le quarantième jour que l'en-
« fant donne des signes de sensations plus com-
« posées, d'un ordre plus élevé, et qui paraissent
« supposer que l'action de l'intelligence a com-
« mencé de se développer. Ce n'est qu'à cette
« époque qu'il exprime le plaisir ou la peine par
« le rire ou par les larmes, premier signe exté-
« rieur des mouvements de son âme, qui ne peu-
« vent encore se manifester d'une autre manière
« sur un visage dont plusieurs parties, trop ten-
« dres, n'ont pas le ressort et la mobilité néces-
« saires pour marquer les affections intérieures. »

Le rire est un signe de plaisir, mais qui se reproduit quelquefois sous l'impression de vives
douleurs. Les pleurs sont un signe ordinaire de
la tristesse, mais que parfois aussi une joie ex-
cessive nous arrache. Plusieurs animaux ont la
faculté de pleurer; elle semble tenir à la vie des
sens autant qu'à celle de l'âme; l'homme seul a
le privilège du rire, qui dépend plus étroitement
de la vie morale. Si j'osais conjecturer à quelle
époque l'intelligence proprement dite apparaît
dans l'organisme humain, je dirais que c'est à
l'époque où commence le rire. En effet, je ne le
trouve pas dans la vie des animaux; je n'y trouve
non plus aucun événement, aucun fait, qui puisse
donner lieu à ce nouveau et curieux phénomène.

[1] *Histoire de l'homme,* p. 16, éd. de 1821.

Les causes du rire sont variables; il n'est pas toujours produit par les mêmes faits extérieurs, ni avec la même intensité. Le rire n'est pas précisément un fait d'instinct; il se développe à la suite de l'éducation et par elle; il a des degrés et des progrès : une de ces nuances est exprimée par le mot *sourire* : seulement, chose remarquable, il n'a pas de variétés proprement dites chez le même individu. L'être humain a donc apporté en naissant une faculté de rire, une simple faculté, purement virtuelle; ce n'est pas un instinct, car l'instinct est une faculté déjà tout en acte dès le début, et limitée à un certain nombre d'effets dont elle a atteint du premier coup la perfection.

A cinq semaines, je note la transition du *cri* à la *voix*. Le cri est le premier son que l'organe humain fasse entendre : il sort du fond du larynx dès le premier instant de la vie à l'air libre. Pendant plusieurs semaines, il est le seul que l'enfant fasse entendre, et cela quand il souffre. Puis, vers cinq semaines, je vois la bouche et la langue s'agiter, même et surtout dans la joie, pour produire des sons que nos lettres ne peuvent exprimer, mais qui certainement sont moins gutturaux que les premiers. Cette seconde espèce de sons, en se perfectionnant, produira de véritables *articulations*. Aristote avait déjà très nettement distingué trois degrés dans les sons, ψόφος, le simple *bruit*; φωνή, la voix encore inarticulée; enfin διάλεκτος, le langage articulé[1].

Chez Félix, cette voix distincte du cri douloureux ne s'est guère produite avant la fin du deuxième mois; à la fin du troisième, non seulement il est sensible aux gestes qui le provoquent à rire, mais, le geste cessant, il semble l'appeler par un petit cri qui lui est personnel. Il se met donc de la partie; il entre pour ainsi dire en commerce avec ceux qui l'entourent : mais tout cela ne dépasse pas la mesure d'intelligence que nous reconnaissons dans les animaux, et que nous constatons si souvent dans les animaux domestiques.

Une ressemblance remarquable entre l'enfant au premier âge et l'animal sans raison[2], c'est que ses cris offrent une variété qui répond à la variété de ses impressions. Félix a sept mois; je distingue très bien : 1° ses cris de joie; 2° ses cris d'impatience, quand on le fatigue par des opérations de toilette plus ou moins gênantes; 3° ses cris de peur, quand on paraît le blâmer ou le menacer;

---

[1] *Histoire des animaux*, IV, 9. Cf. *Problèmes*, XI, 1, 2, 4, sur la voix des sourds-muets et sur le rapport qu'il y a entre l'ouïe et la parole; 27, sur ce qu'il appelle σαφηνίζειν; *ibid*, X, 1, 14, 27, 55; Alexandre d'Aphrodisias, *Problèmes*, I, 138. — Au reste, ces distinctions sont si naturelles que tout observateur un peu attentif de la nature ne manquera pas de les faire. Ce n'est certainement pas chez Aristote que les avait puisées le cartésien Cordemoy, *Discours physique de la parole* (2ᵉ édit., 1677), p. 13-14. Les autres observations de l'auteur sur la manière dont les enfants apprennent à parler (p. 45 et suiv.) sont d'un caractère vague et peu instructives.

[2] Voir les vers célèbres de Lucrèce, chant V, vers 1062 et suiv.

ils ont quelque chose de plus profond et de plus touchant. Sa figure a d'ailleurs, dans ce dernier cas, une expression toute particulière et sur laquelle on ne saurait se méprendre.

Vers neuf mois, l'instinct d'imitation se développe à vue d'œil : 1° action de se cacher et de se montrer tour à tour par manière de jeu; 2° action de jeter une balle, après l'avoir vu jeter par un autre; 3° essai de souffler sur une bougie; 4° essai d'éternuer en singeant celui qui vient d'éternuer; 5° essai de frapper avec les doigts sur le registre d'un piano. La voix, d'ailleurs forte, et s'exerçant d'une manière assez variée, est pourtant en retard, à ce qu'il semble, sur ce progrès. Nul effort sensible pour imiter les sons entendus. Certaines imitations passagères et accidentelles ne se reproduisent pas assez clairement pour être attribuées à un acte tant soit peu intelligent.

Nous insisterons plus loin sur ces premiers essais de langage, et nous citerons une page d'Aristote qui semble se rapporter à une observation analogue à la nôtre. Pour le moment, continuons à suivre les développements de l'intelligence dans les phénomènes d'imitation, et disons tout d'abord quelques mots du souvenir, que l'imitation suppose.

Comme il est naturel, le souvenir se montre avant les premiers actes d'imitation. Ce n'est pourtant qu'au milieu du sixième mois que j'ai pu, pour la première fois, le constater avec certitude, et surtout que je l'ai vu marqué de quelque apparence de réflexion. Emile s'est légèrement brûlé en touchant de la main un vase chaud; si on le lui représente, il retire sa main avec une intention évidente d'échapper à la douleur. Même observation pour un objet rude au toucher et dont l'impression lui est désagréable. L'expérience a été répétée plusieurs fois; elle a toujours donné le même résultat. D'autres souvenirs sont évidents déjà dans les rapports de l'enfant avec les personnes qui ont soin de lui, surtout avec sa mère, avec sa nourrice; mais ces souvenirs paraissent se fonder sur une association tout instinctive des impressions et des sentiments.

A l'égard du souvenir, l'observation distingue deux ordres de faits : la mémoire se produit dès le premier âge pour les faits qui se renouvellent fréquemment; elle est plus tardive pour les faits accidentels. Pour ces derniers, je ne l'ai pas constatée avant l'âge de quinze mois. Emile, à cet âge, s'est emparé d'un jouet, qu'il a laissé ou caché sous un fauteuil; un quart d'heure après, je le lui redemande; il va droit à l'objet et me le rapporte.

La faculté d'imitation, qui se montre si précoce chez l'enfant, se rattache étroitement au premier éveil de l'intelligence. Un être intelligent est celui qui agit parce qu'il comprend, souvent même pour comprendre, et qui a conscience des motifs de son acte. L'enfant ne montre encore cette intelligence ni dans les mouvements mécaniques, ni dans les mouvements instinctifs; je crois pouvoir dire qu'il la montre dans les premiers mouvements imités. Mais, à cet égard, on ne doit pas demander à l'interprétation des faits une trop grande rigueur. Parmi ceux que j'observe, il en est qui n'appartiennent pas décidément à l'une ou à l'autre classe, et qui ne sont ni tout à fait instinctifs ni tout à fait intelligents. Par exemple, quand l'enfant saisit un objet, aliment ou non, pour le porter à sa bouche, il me paraît évident que l'instinct d'alimentation, exercé chaque jour dans l'allaitement, joue quelque rôle dans cet acte. Mais, d'un autre côté, l'acte étant toujours postérieur au temps où les yeux entrent en exercice, où ils suivent les mouvements de la nourrice, du père, de la mère, l'enfant qui le produit peut à bon droit être déjà considéré comme *imitateur*, et, par conséquent, il y a peut-être là déjà un acte intelligent.

On peut remonter plus haut que l'observation qui précède. S'ouvrir à la lumière est pour les yeux un acte mécanique, ou, tout au plus, instinctif. Chercher la lumière, la lumière qui anime et vivifie les objets, c'est déjà un acte intelligent. Chercher parmi les objets éclairés par la lumière celui qui a laissé précédemment une impression vive et douce, s'éloigner ou se détourner des objets qui ont laissé une impression pénible, voilà des actes très élémentaires, très simples, où commence à poindre l'intention, partant l'intelligence; ils ont précédé les actes d'imitation, ils en sont la condition nécessaire. Regarder (ou détourner les yeux), puis imiter, ce sont donc deux des premières manifestations de la vie intellectuelle. Les deux évolutions ne se produisent pas uniformément et à la même date chez tous les enfants, mais chez tous elles marquent le même progrès : c'est l'éveil de l'intelligence.

Au reste, ce que nous constatons pour la vue s'applique aux autres sens. Le tact, chez l'enfant, s'exerce à peu près en même temps pour chercher, *à tâtons,* les objets qui l'ont flatté, ou repousser ceux qui l'ont blessé; l'ouïe, pour diriger l'attention vers une musique; le goût, pour repousser ou attirer ce qui lui plaît ou lui déplaît. L'odorat seul est sensiblement en retard sur ce progrès presque simultané des quatre autres sens.

Voici un exemple où l'instinct d'imitation se montre uni aux actes élémentaires de la mémoire; on y voit poindre en outre le germe de cette imitation qui, développée, s'appellera le *drame.* Un enfant de vingt mois connaît, reconnaît et rappelle très bien de mémoire quelques personnes qu'il voit habituellement dans ses promenades au jardin du Luxembourg, une bonne, par exemple, et l'enfant qu'elle conduit. Un jour, il nous quitte en prononçant tant bien que mal les trois noms du Luxembourg, de la bonne, de l'enfant. Il va dans la pièce voisine, fait semblant de dire bonjour à ces deux personnages, revient raconter avec la même simplicité ce qu'il vient de faire. Évidemment, rien dans la pièce voisine ne rappelle le Luxembourg ni ses habitués. C'est donc là ce que j'appellerai un acte d'imagination dramatique, c'est le *drame* dans son germe élémentaire. Il y a là une confirmation frappante de l'observation d'Aristote[1], que l'homme est le plus imitatif des animaux. Bientôt l'enfant se fera des instruments à l'usage de ses petits drames. Nous lui en fournissons nous-mêmes : ce sont les jouets. Mais il n'en a pas assez pour toutes les scènes qu'il imagine, et le même jouet lui servira souvent pour plusieurs rôles quelquefois très divers; j'ai vu, dans un de ces jeux, des morceaux de bois, tous semblables, figurer pour l'enfant les personnages les plus variés.

Est-ce par l'imitation que le langage prend naissance? ou bien est-il d'abord le produit d'une faculté qui entre spontanément en exercice, sauf à se développer plus tard avec le secours de l'imitation? Ceci demande quelques recherches particulières sur les premiers essais du langage et les conditions dans lesquelles ils se produisent.

Une observation qui a dû être faite par plus d'un médecin, et que pourtant je n'ai lue nulle part, c'est que la voix des enfants, dans le pre-

---

[1] *Poétique*, ch. IV.

mier âge, n'est pas caractérisée par un timbre individuel. Elle est forte ou faible, à tel ou tel de-
gré, mais je ne sais pas de mère dont l'instinct
puisse discerner sûrement, dans les deux ou trois
premiers mois, son nouveau-né entre plusieurs
autres d'après le seul indice de la voix. Cela vient
sans doute de ce que les organes de la voix n'ont
pas encore pris leur forme particulière à l'individu. La voix se *caractérise* en même temps
qu'elle s'*articule*, en même temps qu'on y distingue des voyelles et des consonnes.

Ce progrès n'est pas plus tôt commencé qu'un
problème se présente, celui du langage proprement dit. Les cris, les pleurs, le rire, ne sont
guère que du langage naturel, avec un commencement de langage artificiel ou intelligent quand
il s'y mêle une intention. Ce dernier langage ne
se développe qu'avec le progrès de l'articulation.
Dès l'âge de six mois, l'enfant commence à articuler quelques syllabes labiales ou dentales. On
croit d'abord à une articulation calculée, parce
que cela dure quelques jours pour chacune ; mais
il abandonne bientôt sa syllabe de prédilection.
Cela fait voir que la volonté ne s'est pas encore
emparée de l'instrument de la parole. Cet instrument agit en quelque sorte de lui-même, comme
les pieds et les mains se meuvent dès les premiers
jours de la vie. Ces jeux de voix *involontaires*
vont peu à peu se multiplier jusqu'à ce que la volonté s'y applique, les détermine, les soumette à

un renouvellement régulier. Alors seulement ce sera le *langage* humain.

Aristote a très nettement marqué cette phase de l'activité inconsciente chez les enfants, dans un chapitre de son *Histoire des animaux* [1]. Nous la trouvons décrite avec plus de précision encore mais non sans quelque obscurité, dans un des Problèmes [2] de la collection qui porte le nom du Stagirite. Ce texte s'éclaircit d'ailleurs, si on le rapproche des faits que je viens de signaler, et cette comparaison m'aide à le traduire avec quelque confiance dans le sens que je donne aux passages difficiles.

« Pourquoi arrive-t-il que de petits enfants, avant l'âge ordinaire de s'exprimer clairement, articulent et parlent avec netteté, puis reviennent à vivre comme les autres enfants jusqu'au temps ordinaire, ce que beaucoup regardent comme un prodige ? Bien plus, quelques-uns, dit-on, parlent dès leur naissance. N'est-ce pas que le plus grand nombre des phénomènes se produisent selon la loi de la nature ? ce qui explique et pourquoi les exceptions sont rares, et pourquoi ensuite tout

---

[1] IV, 9 : Τὰ παιδία ὥσπερ καὶ τῶν ἄλλων μορίων οὐκ ἐγκρατῆ ἐστιν, οὕτως· οὐδὲ τῆς γλωττῆς τὸ πρῶτον, καὶ ἐστίν ἀτελῆ. Saint Augustin (*Confessions*, I, 8) peint heureusement cette action de la volonté sur les instruments du langage : « Ita verba, in variis sententiis locis « suis posita et crebro audita, quarum rerum signa essent paulatim colli- « gebam, measque jam voluntates, *edomito in eis signis ore*, per hæc « enuntiabam. »

[2] Livre XI, problème 27*.

rentre dans la règle. Ainsi, en même temps l'enfant entend et il parle ; [plus tard], il comprend au moyen de l'ouïe et il s'exprime intelligiblement ; [voilà la règle]. Mais tout ne va pas toujours d'accord ; car il y en a qui comprennent avant que l'organe de la parole soit délié en eux ; pour d'autres, c'est le contraire ; et ceux-ci ne sauraient parler avec intelligence, car ils ne font que répéter ce qu'ils entendent ; mais quand les deux facultés sont parvenues toutes deux à leur juste point, alors ils réalisent [dans son entier] ce que veut la nature. Ceux chez qui la capacité de comprendre les choses par l'ouïe s'est développée avant celle de produire la voix et de parler, ceux-là, il leur arrive quelquefois de pouvoir employer cet organe et de le dégager [de ses entraves], soit après un somme, parce que le sommeil, en allanguissant le corps, repose [la force des] organes, soit après quelque autre changement semblable. Nous avons ainsi de ces puissances d'agir dont l'acte dépend de petites circonstances. Et ensuite cela ne dure pas, l'organe ayant été ainsi délié [par accident]. Quand la conception des choses qui ont frappé [l'enfant] n'est qu'à la surface [de l'âme], dans la sensation, alors l'ouïe ramène cette sensation et l'enfant parle. Souvent aussi des airs et des paroles nous reviennent à l'esprit sans que nous l'ayons voulu ; si d'abord on les a fait entendre avec volonté, cela suffit pour que, plus tard, on les dise et on les chante sans intention, et [même] nous ne pouvons les chasser de notre bouche. C'est ainsi qu'il arrive que les enfants aient momentanément une faculté, puis que l'organe revienne à son état naturel, jusqu'au temps où il prendra sa force et sa parfaite activité [1]. »

A travers certains embarras de langage, l'auteur, quel qu'il soit, de ce Problème aristotélique, reconnaît dans la première enfance deux sortes de progrès : l'un accidentel et passager, l'autre durable, qui seul mérite, à vrai dire, d'être appelé un progrès; car il est l'effet d'une volonté intelligente qui maîtrise les instruments désormais appropriés à son service.

Cette prise de possession marque le début du *langage* proprement dit. Mais celui-là même nous présente comme deux phases qu'il importe de distinguer.

[1] On lira peut-être avec intérêt une paraphrase de cette page aristotélique que nous trouvons dans le traité *De la subtilité et subtiles inventions*, de Cardan, traduction de Richard Le Blanc (Rouen, 1642), p. 459 : « C'est chose prodigieuse, pour ce qu'elle est rare, quand un enfant parle n'aguères né, qui est toutefois chose naturelle. Et comme cecy est naturel, Aristoteles l'enseigne. Car entendu que la parole consiste et est composée par la force de la langue, et par intelligence, et que l'intelligence est donnée à plusieurs premier que la force de la langue, pour ce il advient que ce semble chose admirable de parler avant que l'intelligence soit parfaicte. Et si la force de la langue est parfaicte premier que l'intelligence, veu que l'homme est de nature préparé et ordonné à parler, qui empesche qu'il ne refere choses ouyes, non entenduës, comme la pie et le papegay, ou perroquet, dit Psittacus? Ou qu'il refere comme choses entenduës par un efforcement et concurrence des esprits à la langue? Il appert, pour ce qu'il leur advient principalement après le dormir, et ce plus clairement, car lors les choses veuës et ouyes en songes excitent plus, et l'abondance des esprits est plus grande, et la langue devient plus forte par le long repos. »

L'enfant que j'observe en ce moment articule déjà beaucoup de sons. Il n'y a pas un seul de ses besoins pour lequel il n'invente un ou plusieurs sons articulés, sans qu'aucun exemple volontaire ou involontaire lui soit proposé. Son organe vocal s'exerce à un nombre infini de combinaisons, s'exerce même cent fois par jour sans intention précise, comme pour s'assouplir. Parmi les mille articulations qu'il produit, l'enfant n'en a qu'un petit nombre aux ordres de sa volonté, et, chose qu'il faut noter, ce sont toujours des monosyllabes [1]. Chez ceux qui l'entourent, il y a un langage tout fait pour les choses qu'il sent et qu'il sait, comme pour celles qu'il ne sait pas et qu'il ne sent pas. Mais ces mots ne sont pas à son usage pour entrer en relation avec eux; et ils ne peuvent pas non plus s'en servir pour entrer en relation avec lui. Il nous faut deviner le langage qu'il se fait à lui-même et qui exprime ses besoins les plus journaliers, ses idées les plus simples. Le travail intellectuel, chez l'enfant, est très actif, et son langage suit ce travail avec une facilité d'invention qui déroute quelquefois notre attention la plus sagace. Marie s'évertue par moments à me *dire* des choses que je ne comprends pas; elle s'impatiente, s'irrite de ma maladresse; si, par bonheur, je viens à la deviner,

---

[1] Voir A. Lemoine, *De la physionomie et de la parole*, chap. vi : « Comment l'enfant apprend à parler. »

ce sont des transports de joie. Quand un des signes de son langage enfantin, à force d'être ré-
pété, est devenu volontaire, quand elle le reproduit constamment à son gré, il ne tiendrait qu'à
moi de me l'approprier aussi, puisque je le comprends, et, si je l'employais toujours pour les
mêmes idées que l'enfant, celle-ci n'apprendrai
jamais le français; elle ne saurait que sa propre
langue; à voir le train dont marchent les choses,
j'estime qu'elle se ferait assez vite un vocabulaire
vraiment riche.

J'ai observé, à cet égard, un phénomène qui
est d'une grande importance; c'est que, si tous
les enfants ont la même faculté presque machi-
nale de parler pour parler, d'assouplir leur voix
par mille exercices, les signes de prédilection, les
signes soumis à l'action de la volonté, que la volonté rappelle constamment les mêmes pour marquer les mêmes idées, varient selon les enfants.
Ainsi ce vocabulaire dont je viens de parler est
tout à fait différent de celui qu'emploie tout autre
enfant que ma fille. Le hasard ou l'intention qui a
déterminé le choix de tel son pour telle idée mul-
tiplie les signes sans uniformité dans le petit
monde des enfants. Marie ne s'entend guère avec
ses amis du même âge que pour des actions toutes
sensibles; dès qu'il s'agit d'une idée un peu moins
matérielle, ce n'est qu'auprès de sa bonne ou de
ses parents qu'elle se fait comprendre. Quelquefois
c'est une bonne ou une mère qui s'interpose entre

deux enfants pour interpréter à l'un les volontés de l'autre.

Comment donc s'opère la transition de ce langage de l'enfance, langage déjà artificiel, mais encore purement individuel, au langage national, véritable instrument de sociabilité ?

L'enfant trouve autour de lui une société toute faite, avec un vocabulaire tout fait. Cette société ne reconnaît pas qu'il *parle* tant qu'elle ne l'entend que bégayer son langage enfantin. *Faire parler* un enfant, pour elle, c'est lui faire dire à propos les mots que disent *les grandes personnes* pour exprimer leurs sentiments et leurs idées. Comme je veux que ma fille parle français et n'impose pas trop longtemps à ceux qui l'écoutent la torture de deviner ses petits mots à elle, je lui impose la fatigue de s'approprier notre langue. Au son par lequel elle désignait arbitrairement tel objet d'un usage familier, je la force à substituer celui que nous employons. Cela n'est pas toujours aisé pour elle ; il ne lui suffit pas de m'entendre pour suivre mon exemple ; ce son que je lui impose, qu'elle entend, qu'elle comprend assez pour m'obéir quelquefois et accomplir l'acte ou apporter l'objet désigné, ce son, elle ne peut le reproduire qu'à deux conditions : 1° c'est que son organe vocal soit assez développé pour le bien articuler ; 2° c'est que, l'ayant articulé souvent, elle s'en soit emparée, en quelque sorte, qu'elle l'ait soumis à son commandement, et qu'elle puisse le renouveler à volonté.

Un exemple étranger à ma famille servira utilement de commentaire à ces deux propositions.

Le petit-fils d'un mathématicien de mes amis a deux ans et demi environ. Son grand-père veut lui apprendre à compter : *Un, deux, trois, quatre*, etc. Plusieurs fois de suite l'enfant s'arrête à *trois*, et dit : « Je ne peux pas », puis continue « *quatre, cinq*, » etc. Il a donc rencontré dans l'usage de ses propres organes une résistance pour le son complexe du mot *trois*. On lui promet une récompense, un jouet qu'il désire fort, quand il aura prononcé *trois*, et on le laisse tranquille. Quelques jours se passent ; un matin, le grand-père entend l'enfant qui, dans un coin de la chambre, s'essayait à dire *trois;* puis il le voit venir tout heureux de le prononcer nettement et de pouvoir réclamer le prix de son effort. Combien de fois ce travail doit se renouveler, à notre insu, pendant les premières années !

Il y a ici une loi de notre nature qu'il faut éclaircir plus complètement. Étudions-la dans l'homme *élevé*, complet; elle ne sera que plus saillante.

Je veux accomplir certain tour d'adresse sans mystère. Je suis physiologiste; je sais par quels muscles s'opère chacun des mouvements dont le tour se compose; je sais à quelles lois de statique ou de dynamique il se rapporte. Si pourtant j'essaie de le reproduire, la chose m'est ou très difficile ou même impossible; ou bien je le reproduis par hasard une fois, deux fois, mais je ne suis pas maître de le reproduire à volonté. Qui de nous n'a pas fait cette expérience pour beaucoup de jeux d'adresse, pour le bilboquet, par exemple?

Voir faire un mouvement, et même en comprendre le mécanisme, ne suffit pas pour le reproduire à volonté. Il en est de même pour les sons et pour les langues. Quand nous entendons les sons d'une langue étrangère, nous n'en avons pas tout de suite l'usage; pour y parvenir il faut deux choses : 1° que nos organes se soient habitués par l'exercice à produire ces sons; 2° que notre volonté puisse les faire instantanément produire par nos organes. Il faut, en d'autres termes, que nous puissions prononcer les mots étrangers, et que nous sachions les prononcer rapidement, à volonté, à propos.

S'il y a, même pour l'homme fait, certains actes organiques qui sont difficiles ou impossibles, parce que sa volonté ne parvient pas à s'emparer sûrement des ressorts par lesquels ces actes se produisent, cette infirmité doit être bien plus grande chez l'enfant. L'enfant nous entend dire *confiture*, *armoire*, etc.; il a peut-être déjà prononcé mille fois les syllabes dont ces mots se composent; mais les actes par lesquels il les a prononcés ne sont pas encore tombés sous l'empire de sa volonté : il *veut* les reproduire, il ne *peut* pas. Il essaie, il tâtonne. Il n'y réussit que très lentement, d'autant plus lentement qu'il a une invincible tendance à faire lui-même son propre langage, et que, pour lui, *apprendre le nôtre*, c'est *désapprendre le sien*. Double effort, double fatigue. Combien est laborieuse cette prétendue oisiveté des premières années !

Ainsi nous distinguons trois périodes dans le développement du langage : 1° le langage instinctif, naturel, commun à tous les temps, à tous les peuples, qui se restreint peu à peu par les progrès d'un autre langage ; 2° ce langage artificiel qui est particulier à chaque enfant, utile pour ses communications avec les autres enfants, et surtout avec sa nourrice et ses parents ; il ne s'élève jamais jusqu'à devenir le langage d'un peuple, ni même d'une famille. A son tour, il cède la place, et plus complètement que ne le font les signes instinctifs, 3° au langage de la famille, de la nation.

Nos anciens philosophes français ont sur ce sujet des théories que je veux signaler en passant ; car cet examen, même rapide, peut éclaircir les idées que je viens d'exposer.

Frain du Tremblay, dans son *Traité des langues* [1], appuie cette thèse, souvent reproduite, que l'homme primitif a été aussi incapable d'in-

---

[1] Amsterdam, 1709, chap. 2.

venter le langage que de se donner l'existence, sur ce fait que la faculté d'articuler ne se transmet que par l'éducation, et, pour preuve, il cite les muets, « qui ne sont muets que parce qu'ils sont sourds », c'est-à-dire parce qu'ils ne peuvent pas apprendre de nous l'usage de nos articulations. Mais, d'abord, les sourds-muets peuvent articuler; ils articulent tous les sons qui dépendent de mouvements qu'on leur fait voir [1]. Entre eux, ils ne se servent pas de ces sons qu'ils n'entendent pas, parce que ces sons ne répondent à aucun besoin de leur nature en cet état d'infirmité; pour qu'ils s'y efforcent et qu'ils y réussissent, il faut que l'éducation les y prépare et leur en montre l'utilité. Ensuite, les sourds-muets ont entre eux un langage qu'ils ont inventé eux-mêmes avant leurs maîtres [2]. Ce langage, qui parle aux yeux, est complet en lui-même, et il suffit à tous leurs besoins; on en a bien des fois écrit la grammaire et rédigé le lexique.

[1] Voir sur ce sujet : 1° le *Rapport* de M. Ad. Franck *sur divers ouvrages relatifs aux sourds-muets*, dans les Comptes rendus de l'Académie des sciences morales et politiques (1861) ; 2° les *Principes de l'enseignement de la parole aux sourds-muets*, par M. L. Vaïsse, l'un des hommes qui ont le plus approfondi ces questions délicates, et cela surtout à la lumière de l'expérience. Cf. l'article substantiel du même auteur, au mot *Parole*, dans l'*Encyclopedie moderne* de Firmin Didot (1853).

[2] Descartes avait déjà remarqué que « les hommes qui, étant nés sourds et muets, sont privés des organes qui servent aux autres pour parler, autant ou plus que les bêtes, ont coutume d'inventer d'eux-mêmes quelques signes par lesquels ils se font entendre à ceux qui, étant ordinairement avec eux, ont loisir d'apprendre leur langue. » (*Discours de la Méthode*, cinquième partie.)

Rappelons à ce propos un problème intéressant de psychologie que saint Augustin[1] s'était posé : comment un enfant doué de tous ses sens se ferait-il un langage, s'il était élevé avec des sourds-muets ? La réponse est aisée : l'enfant, sans aucun doute, apprendrait le langage des signes ; il arriverait à s'en servir avec autant de sûreté que ses compagnons, et, ce langage lui suffisant, il n'éprouverait pas le besoin d'en inventer un autre.

Buffon, sur ce sujet, commet une autre erreur. Il croit que l'enfant doit tout son langage à sa mère ; que, si les petits animaux n'en ont pas un, c'est que leur éducation dure trop peu de temps et que la mère n'a pas le temps de leur apprendre son langage. Cela est spécieux, mais faux en définitive ; car cela revient à dire : les hommes, en tant qu'individus, sont incapables de langage ; ils n'en deviennent capables que dans l'état de société. Mais, d'abord, il répugne d'admettre que la vie sociale nous mette en possession d'une faculté nouvelle ; elle nous aide seulement et nous excite à développer les facultés essentielles de notre nature ; et nous avons vu que les enfants ont un langage individuel avant d'apprendre et de pratiquer le langage de leur famille. Ensuite, si la société rendait capable de langage, les animaux sociables en auraient un très developpé,

---

[1] *De quantitate animæ*, ch. xviii, § 31.

autre assurément que le ır grossier vocabulaire de signes naturels[1], ce qui n'est pas.

C'est ce que dit en d'autres termes, et en termes excellents, Chanet, auteur d'un vieux livre fort oublié aujourd'hui, sur *l'Instinct et la connaissance des animaux*[2] :

« Beaucoup de personnes m'ont demandé ce
« qu'il faudrait qu'une bête fist pour me persua-
« der qu'elle raisonne. Ma première response a
« toujours esté qu'il faudrait qu'elle me le dist
« et qu'elle raisonnât avec moi. Et que, si elle
« raisonnait, elle apprendrait à parler le langage
« des hommes. Ne croyez pas qu'il n'y ait que
« l'indisposition des organes qui les empesche.
« Car leurs organes ne sont pas si différents des
« nôtres que vous pourriez vous le figurer...
« D'ailleurs, les oyseaux, dont les organes se
« plient à la prononciation de nos mots et de
« toutes sortes de langues, ceux-là, dis-je, s'en
« devraient servir pour raisonner avec nous et
« pour nous demander leurs nécessités. » Rien n'est plus juste que cette remarque. Quoi qu'on ait pu dire des signes employés par certains animaux pour communiquer entre eux, le langage, c'est-à-

---

[1] Quand le langage *antennal* des fourmis sera mieux connu, il conviendra peut-être de lui accorder une place intermédiaire entre le langage naturel des autres animaux et le langage humain.

[2] La Rochelle, 1646, chap. xviii : « Que les bêtes ne parlent point. » L'auteur, dans cet ouvrage, défend contre les objections de M. de La Chambre les opinions cartésiennes qu'il avait déjà exprimées dans ses *Considérations sur la Sagesse de Charron* (Paris, 1643).

dire la faculté de produire des signes et de les
interpréter exactement, demeure un des caractères essentiels de notre supériorité à l'égard des
bêtes.

La plupart des enfants savent interpréter exactement les paroles qu'ils entendent avant de savoir
eux-mêmes exprimer leurs idées par des phrases
analogues. A vingt mois, Emile comprend des
phrases assez complexes, entre autres des comman-
dements qu'il sait exécuter ponctuellement; mais il
ne peut encore reproduire ni la phrase, ni aucun
des mots dont elle se compose. Vers le même
âge [1], Marie en est au même point, et, en général, elle est paresseuse à exprimer des souvenirs,
tandis qu'elle sait user de son langage enfantin
pour nous faire connaître une foule de désirs.
Cela tient sans doute à ce que le souvenir, fait
purement intellectuel, est pour ses facultés un
excitant moins vif que le sentiment du désir. Peut-
être aussi l'objet du désir est-il une idée plus
simple, plus immédiate, partant plus facilement
intelligible, que l'objet du souvenir. Marie se sou-
vient, puisqu'elle désire ou repousse, à la seconde
fois, les choses qui lui ont fait plaisir ou peine à
la première; mais c'est ce que fait aussi l'animal,
et, par là, un enfant ne se distingue pas du petit
d'une bête. L'impression de plaisir ou de peine
qui subsiste pour produire, à la seconde épreuve,

---

[1] Je regrette de n'avoir pas daté avec précision cette observation.

un désir ou une répulsion, est sans doute distincte de l'*idée* de peine ou de plaisir que nous exprimons par des mots : à vrai dire, les mots ne représentent pas nos sentiments, mais les idées de nos sentiments. La bête éprouve certainement des impressions douloureuses ou agréables, et cela suffit pour expliquer les actes que nous rapportons trop complaisamment à son intelligence ; mais rien ne prouve que la durée et le retour de ces impressions soient un fait semblable à l'*idée* qu'elles laissent dans l'intelligence humaine et que traduit le langage.

DEUXIÈME PARTIE

Arrêtons-nous un instant pour constater, dans les progrès de l'intelligence chez les enfants, certaines anomalies, certains accidents qui sont de nature à tromper l'observateur.

J.-J. Rousseau écrit, dans le second livre de l'*Émile* : « Les pensées les plus brillantes peuvent tomber dans le cerveau des enfants, ou plutôt les meilleurs mots dans leur bouche, comme les diamants du plus grand prix sous leurs mains, sans que pour cela ni les pensées ni les diamants leur appartiennent ; il n'y a point de véritable propriété pour cet âge en aucun genre. Les choses que dit un enfant ne sont pas pour lui ce qu'elles sont pour nous ; il n'y joint pas les mêmes idées. Ses idées, si tant est qu'il en ait, n'ont dans sa tête ni suite ni liaison ; rien de fixe, rien d'assuré dans tout ce qu'il pense. Examinez votre prétendu prodige. En de certains moments vous lui trouverez un ressort d'une extrême activité, une clarté d'esprit à percer les nues. Le plus souvent ce même esprit vous paraît lâche, moite et comme environné d'un épais brouillard. Tantôt il vous devance, et tantôt il reste immobile. Un instant vous diriez : c'est un génie, et l'instant d'après : c'est un sot. Vous vous tromperiez toujours : c'est un enfant. C'est un aiglon qui fend l'air un instant et retombe l'instant d'après dans son aire... Est-il étonnant que celui que l'on fait beaucoup parler et à qui l'on permet de tout dire... fasse par hasard quelque heureuse rencontre ? Il le serait bien plus qu'il n'en fît jamais, comme il le serait qu'avec mille mensonges un astrologue ne prédît jamais aucune vérité. »

Rousseau exagère ici, comme souvent, et il développe en rhéteur une pensée dont il ne faut pas pour cela méconnaître la justesse.

L'intelligence, à ses débuts, trébuche quelquefois et manque le but qu'elle semblait tout près d'atteindre ; elle s'essaie gauchement à certains actes avant de les accomplir comme il convient.

Emile, à quatorze mois, prend une cuiller trempée dans des confitures ; il commence par en mettre le manche dans sa bouche, puis le milieu de la tige, puis enfin le creux rempli de confiture, et il s'arrête à ce dernier mouvement qui satisfait son appétit.

A cet âge, il connaît bien l'usage de quelques-uns de ses membres : il lève de lui-même le pied pour monter un escalier ; il trempe un morceau de pain dans l'eau rougie et le porte ensuite à sa bouche. Mais il ne semble pas encore en état de localiser la douleur : s'étant fait au doigt une écorchure, il pleure sans montrer son doigt, sans y porter l'autre main. Quelques jours auparavant, il a fait une chute sur le nez et le sang en a jailli, sans qu'il ait mieux compris, en apparence du moins, où était le siège du mal : rien de sa part, ni geste ni articulation, n'a laissé voir qu'il rapportât à l'organe blessé la sensation causée par la blessure.

Six mois plus tard, j'ai une blessure au pied ; elle est enveloppée d'un linge blanc. Emile observe souvent avec un air d'intérêt ce qu'il appelle *mon petit mal*. Il m'en demande des nouvelles : c'est à croire qu'il comprend que je souffre, et qu'il sympathise à ma souffrance. Mais voici qu'il me demande *de lui donner mon petit mal*. De deux choses l'une : ou l'enfant est d'une charité bien précoce, ou par le *petit mal* il a entendu tout simplement le linge blanc. En effet, je m'aperçois bientôt que, s'étant écorché le doigt, il demande qu'on lui *mette un petit mal*, et quand on a fait ce qu'il demande, il montre comme en triomphe le linge appliqué sur son doigt.

On a souvent de pareils mécomptes avec les enfants de cet âge. Ils imitent si naturellement, si facilement, que leur imitation d'un acte ou d'un fait matériel nous trompe par une apparente ressemblance entre leurs sentiments et les nôtres. Mais nous pouvons utiliser cette disposition pour les habituer à de bonnes pratiques. Les enfants feront volontiers l'aumône avant de savoir ce que c'est que pauvreté et aumône ; et il est difficile de constater à quel moment au juste ils le sauront. Mais ce n'est pas une raison pour attendre trop longtemps avant de leur faire pratiquer cet acte de bienfaisance.

Parfois, l'intelligence, arriérée pour certains actes, se montre ailleurs singulièrement précoce. A trois ans, une de mes filles ne sait que nommer ses vingt-quatre lettres et réciter l'alphabet ; elle ne comprend pas même ce que c'est qu'épeler ; évidemment, les vingt-quatre lettres ne sont pour elle que des figures, des images, ayant chacune un nom particulier ; à plus forte raison, elle est très loin de démêler plusieurs éléments dans une même phrase. Déjà pourtant elle est capable de quelque raisonnement : un jour, elle se plaint d'avoir mal aux dents (notez en passant cette exacte localisation de la douleur); on lui dit (à tort ou à raison, peu importe ici) que cela tient à ce qu'elle n'a pas été sage, elle répond que, quand elle était sage; elle avait déjà mal aux dents. Je ne consignerais pas cet indice de précocité, si je pouvais soupçonner dans le fait en question la moindre réminiscence, la moindre imitation d'une phrase analogue prononcée devant l'enfant.

L'apprentissage de l'écriture est un des faits où se marquent le mieux les étapes que franchit lentement l'intelligence enfantine. Plutarque avait déjà remarqué que les petits enfants, habitués à répéter le son des lettres qu'ils lisent sur leurs tablettes, ἐν τοῖς πυξιδίοις, ne reconnaissent pas les mêmes caractères quand ils les voient écrits ailleurs[1]. Cette faiblesse d'intelligence ne dure pas long-temps : je l'ai vue cesser vers l'âge de quatre ans. Au même âge, une enfant moins avancée ne connaît encore que sept ou huit lettres de notre alphabet, et déjà elle a pris goût à les découper, sous la forme capitale où elles se présentent dans les journaux ou autres imprimés à sa disposition. Le T fait partie des caractères dont elle ne sait pas encore le nom ; elle sait seulement que c'est une lettre ; mais elle connaît la forme et la valeur de l'I. L'idée lui vient de couper avec des ciseaux les deux appendices horizontaux du T pour en faire un I. Singulier mélange d'ignorance et d'active curiosité !

Voici quelques exemples des méprises où les enfants sont exposés par l'infirmité de leur intelligence et par les embarras que leur cause la complexité de notre langage.

On ferme pour la nuit les volets d'une fenêtre ; *nuit* et *fermeture des volets* sont deux idées qui s'unissent dans l'esprit de l'enfant. Il entre le matin dans un cabinet qui a deux fenêtres, l'une au levant, l'autre au nord ; cette dernière est encore bouchée par les volets : l'enfant dit qu'il fait

---

[1] Contre Colotès, chap. xxv.

encore nuit de ce côté-là. Un étranger à qui il parle ainsi ne le comprend pas, n'ayant pas l'habitude d'observer ces erreurs du jugement enfantin. La petite fille qui a commis celle-ci devant lui a trois ans et demi.

Vers le même âge, elle entend sans cesse appeler *Marie*, sa sœur aînée, qui a neuf ans ; ce nom propre est devenu pour elle le signe d'un âge déterminé, et elle croit qu'on l'appellera *Marie* quand elle aura neuf ans.

D'autres fois, c'est l'emploi d'un nom commun pour désigner une personne déterminée qui fait confusion dans l'esprit de l'enfant avec un nom propre. Je suis le père de Félix et le grand-père de sa nièce Marthe ; celle-ci, qui a deux ans et demi, ne comprend pas que son oncle m'appelle *mon père*, tandis qu'on l'habitue en même temps à m'appeler *grand-père*. Cette double désignation de la même personne trouble son esprit, qui d'ailleurs ne s'en est occupé qu'une fois[1].

La sœur cadette d'Émile nous dit : « Je porterai Émile quand il sera petit. » Elle a vu que, de deux personnes, la plus grande seule peut porter la plus petite ; d'autre part, on lui a dit qu'elle deviendrait grande. Croit-elle qu'elle grandira

---

[1] Aristote, à la première page des *Physica*, remarque déjà, ce qu'on a maintes fois observé depuis, que les enfants commencent par appeler *papa* tous les hommes, et *maman* toutes les femmes, et qu'il faut du temps pour qu'ils dégagent ces deux idées de la confusion où elles sont d'abord engagées : ὕστερον δὲ διορίζει τούτων ἑκάτερον.

seule et qu'un jour son frère aîné se trouvera plus petit qu'elle? Sa pensée n'est peut-être pas aussi précise; en tout cas, son intelligence ne se refuse pas à imaginer un changement à son avantage de la différence de taille qui la distingue de son frère; sans doute, « je porterai Émile quand il sera petit » est pour elle à peu près comme : « je porterais Émile, s'il était petit »; le conditionnel et le futur se confondent pour son esprit.

Le renversement des rapports est très familier aux enfants dans cette période de la vie. A quatre ans, à cinq ans encore, l'enfant prendra l'une pour l'autre les idées corrélatives, comme celles de *prêter* et *d'emprunter :* « Veux-tu m'emprunter ton cachet? » signifie pour lui : « veux-tu me le prêter? » Il distingue plus facilement entre *prêter* et *donner*, parce que *prêter*, c'est *donner pour quelque temps*, tandis que *donner* n'est guère autre chose que *prêter pour toujours*. Il me dit un jour : « Je suis très généreux aujourd'hui, » voulant dire : « tu as été très généreux pour moi. » La différence des deux idées pourrait, en effet, pour ces cas de corrélation, s'exprimer dans les langues anciennes par deux flexions différentes d'un même radical : δανείζω, en grec, signifie *je prête,* δανείζομαι, *je me fais prêter*, et, par conséquent, *j'emprunte;* εὐεργετῶ signifie *je fais du bien à quelqu'un*, εὐεργετοῦμαι, *on me fait du bien*, ou *j'en reçois.* Bien plus : ἀγνώς et ἄγνωστος, en grec, ont tour à tour le sens actif et le sens passif ; de même *ignarus* et *ignotus* en latin, et cela même chez des auteurs classiques L'usage a donc perpétué, jusque dans la maturité des langues savantes, quelques-unes de ces confusions enfantines.

C'est ici le lieu de remarquer que l'interversion des termes corrélatifs est une des méprises les plus familières aux sourds-muets, dans le langage écrit, et cela même pour des faits de l'ordre physique. J'ai vu un sourd-muet, âgé de douze ans, écrire pour son camarade le commandement que voici : « Essuie l'éponge avec le tableau noir, » pour « Essuie le tableau noir avec l'éponge. » Je l'ai vu écrire : « Il a mis le pupitre dans le mouchoir, » pour « Il a mis le mouchoir dans le pupitre. » Cela tient à ce que, dans la langue des signes, l'enfant aurait dit : *pupitre dans — mouchoir — il a mis.* C'était pour lui un tableau où l'ordre des éléments n'était soumis à aucune loi syntactique [1], chacun d'eux ayant sa valeur parfaitement distincte.

Acheter et *vendre* (ce qui est souvent *faire acheter*) [2], *devant* et *derrière*, *avant* et *après* [3],

---

[1] M. Rémi Valade, dans son *Essai sur la grammaire du langage naturel des signes* (Paris, 1854, in-8°), p. 25, remarque avec raison que pour l'imagination « le loup *dévorant* un agneau » et « un agneau *dévoré* par le loup » forment un seul et même tableau, dont le sens peut être indifféremment exprimé par l'emploi de la voix active ou par celui de la voix passive.

[2] Cf., en latin, *venditare*, d'où nous avons tiré *vanter*.

[3] A Athènes, un jeune Grec disait un jour à mon confrère Ch. Lévé-

sont des mots d'un emploi longtemps difficile pour ces jeunes infirmes chez qui le langage tend toujours à rester affranchi de nos conventions grammaticales et à exprimer la pensée avec la vivacité d'une peinture parlant à l'imagination. Les pronoms personnels et possessifs de la troisième personne sont à peu près inutiles pour le sourd-muet; il trouve plus facile et plus court de désigner les personnes absentes par l'objet qui rappelle leur nom propre. Aussi apprend-il péniblement ces façons de parler à l'usage de ses rapports avec les autres hommes, mais dont il se passait dans ses rapports avec ses compagnons d'infirmité.

J'ai remarqué chez un de mes enfants, à l'âge de dix-huit mois, la même répugnance à employer les pronoms possessifs, la même difficulté à en comprendre l'emploi de ma part. Déjà il commence à désigner, quand on les lui nomme, son nez, ses yeux, sa bouche, etc. Si je lui demande de montrer *mon nez, mes yeux, ma bouche*, etc.,

que, qui me communique ce souvenir : « J'ai été te voir *demain* (ἦλθον αὔριον) ; en grec, les mots ὄπισθεν et ὀπίσω, et, en latin, le mot *olim*, perpétuent jusque dans le style classique cette confusion d'idées ; on ne s'en étonnera pas, si l'on songe que, dans notre langage même, les enfants *suivent* leur père, viennent *après* lui dans la vie ; mais ils marchent *devant* lui sur le chemin de la vie, et l'avenir, qu'ils représentent et qu'ils regardent, est *en avant* du passé. Cf. la phrase célèbre de Pascal : « Ceux que nous appelons anciens étaient véritablement nouveaux en toutes choses, et formaient l'enfance des hommes, » et celle de Bacon : « *Illa ætas, respectu nostri antiqua et major, respectu mundi ipsius, nova et minor fuit.* »

ce sont les *siens* qu'il me montrera du geste, et non les *miens*. Pour me faire bien comprendre de lui, il faut que je lui dise : « Montre le nez, les yeux, la bouche, etc., *de papa.* » Un mois plus tard, le progrès était accompli et l'enfant savait obéir sans méprise à ce commandement. En général, c'est vers l'âge de deux ans seulement que j'ai vu l'enfant employer avec discernement les pronoms personnels et les pronoms possessifs. Nous aurons plus loin à noter d'autres coïncidences pareilles entre l'infirmité intellectuelle du sourd-muet et celle de l'enfant en pleine possession de ses cinq sens.

J'ai déjà parlé de l'écriture ; elle me fournit de nouvelles occasions de constater la faiblesse de l'intelligence au milieu même de ses progrès les plus intéressants.

A trois ans et demi, Émile, qui déjà commence à lire tant bien que mal dans un livre français, voit un livre imprimé sur deux colonnes, l'une de grec, l'autre de latin ; il dit de la première que « c'est du grec, » et de la seconde que « c'est de l'écriture. » Le grec, pour lui, n'est pas encore une autre écriture, c'est l'inconnu, c'est un amas de signes qu'il ne peut lire, qui ne disent rien à son esprit. Le latin, au contraire, écrit avec les mêmes lettres que le français, et dont il pourrait déchiffrer au moins quelques syllabes, parle vaguement, mais enfin parle à son esprit.

Vers le même temps, mis en présence d'un

enfant allemand, qui ne parle que la langue allemande, il est embarrassé, presque inquiet, et il n'ose pas jouer avec ce mystérieux camarade. Évidemment, ne pas parler le français, pour lui, c'est à peine être de l'espèce humaine. On a remarqué que les anciens peuples ont souvent, pour désigner les nations et les langues étrangères, un mot équivalent au mot *muet* : c'est βάρβαρος, d'où βαρβαρόφωνος, en grec, quelque chose comme serait en français *celui qui bredouille* ou *qui baragouine*; c'est *niemetz* dans les dialectes slaves; c'est *mlècca* ou *mletcha* dans les dialectes de l'Inde ; ἄγλωσσος même se rencontre en grec comme synonyme de ἑτερόγλωσσος. Les peuples, dans leur enfance, sont sujets à ces méprises que reproduit l'enfance de l'individu, et le témoignage s'en retrouve jusque dans leur âge mûr.

A cela se rattache naturellement une remarque qui n'est pas sans conséquence pour la critique des premiers monuments de nos littératures.

A sept ans et neuf mois, Félix sait lire et même écrire depuis deux ans. Ayant appris naguère que Cadmus avait inventé l'écriture, il me demande « comment les hommes pouvaient faire » avant que Cadmus l'eût inventée. Ainsi, l'usage de l'écriture est déjà si bien dans ses habitudes qu'il ne se figure pas comment on a jamais pu s'en passer. Il a donc perdu de vue et complètement oublié cette première période de sa vie où il ne savait ni lire ni écrire; l'écriture lui semble comme un de ses organes naturels. Et pourtant, il a été élevé par une vieille domestique absolument illettrée ; mais il n'a pas remarqué qu'elle se passait de cet auxiliaire de la mémoire et de l'intelligence qui lui semble, à lui, si nécessaire.

L'illusion où est cet enfant ne ressemble-t-elle pas beaucoup à celle des savants critiques qui, si longtemps, se sont refusés à croire que l'esprit humain ait pu, avant l'usage de l'écriture, produire de longs ouvrages en vers, comme les poèmes homériques et les autres épopées primitives ? C'est ainsi qu'en 1725, Pope, dans son *Essai sur Homère*, conjecturait sérieusement que, si le vieil Homère devint aveugle, ce fut pour s'être fatigué la vue en écrivant deux si longs poèmes. Lorsque F. A. Wolf publia ses idées au sujet des poèmes homériques, les historiens avaient peu étudié cette première période de la vie des peuples, où la mémoire, dénuée du secours de l'écriture, avait une force et une sûreté que ce secours même a diminuées en les rendant moins nécessaires. Platon, cependant, a déjà exprimé là-dessus des pensées d'une singulière profondeur dans une belle page du *Phèdre*, où il nous représente l'Égyptien Theut, prétendu inventeur de l'écriture, expliquant au roi Thamus les merveilles de son invention, et le roi Thamus essayant de lui faire comprendre ce que l'humanité va perdre quand elle adoptera cet art merveilleux [1].

1 Voir notre *Essai sur l'histoire de La Critique chez les Grecs*, p. 491.

Autre observation que j'ai faite à deux reprises, sur une petite fille et sur son frère, vers l'âge de cinq ans et demi : Emilie, qui sait à peu près lire, mais qui ne lit que pour les autres ou pour sa poupée, et cela toujours à haute voix, ne comprend pas que je lise des yeux, sans parler. Elle me demande souvent pourquoi je fais ainsi, et j'ai grand'peine à la contenter par mes réponses, qui, en effet, ne peuvent guère être accommodées à la faiblesse de son esprit. La lumière se fera peu à peu pour elle sur cette question difficile ; mais je n'ai pu saisir le moment précis où l'enfant s'est aperçue que des signes écrits et alphabétiques parlaient à son intelligence sans l'intermédiaire d'une énonciation à haute voix. Ce qui est certain, c'est que les images, qui sont une écriture idéographique, intéressent et captivent l'esprit des plus petits enfants, sans qu'ils éprouvent, en les regardant, le besoin de nommer par la parole l'objet représenté ; l'idéographie est bien le premier, le plus naturel procédé de l'écriture.

Même sous l'excitation journalière d'une société cultivée, l'esprit arrive lentement à saisir les idées qui répondent à des phénomènes de notre vie intérieure ; il prend à chaque instant le signe pour la chose signifiée. Émile a trois ans et demi. Il a observé que, pour prier ou pour réfléchir, on a les mains jointes ; il joint ses deux mains et il me dit : « Je réfléchis ; c'est comme cela, n'est-ce pas, qu'on réfléchit ? » On m'a conté qu'un enfant élevé dans une maison religieuse donnait un jour cette définition de la *méditation :* « On va à la chapelle, on se tient comme cela, sans bouger, et on ne pense à rien. » Les yeux de l'enfant ont saisi la forme accidentelle et tout extérieure du fait que son esprit ne peut encore atteindre.

Cela n'est pas non plus sans conséquence pour la théorie de la formation du langage.

Les signes dont une langue se compose ayant pour objet de rendre extérieurement sensible le fait tout intérieur de la pensée, tout signe d'une idée psychologique ou d'une idée morale sera nécessairement, à l'origine, une *métaphore;* ce sera le signe d'un acte ou d'un phénomène physique transporté (μεταφερόμενον), appliqué à un usage qui ne lui est pas propre. *Réfléchir*, que je viens de citer, et tous les mots de cette classe, sont des métaphores; *penser* vient du latin *pensare*, dont le sens primitif se retrouve dans *compenser; concevoir* vient de *concipere; comprendre* de *comprehendere; idée* veut dire primitivement *image.* Tous ces mots expriment des notions de faits et d'actes purement physiques avant d'exprimer des phénomènes intellectuels. Il en est de même, en latin, de *intelligere;* en grec, de καταλαμβάνειν et de ὑπολαμβάνειν; en allemand, de *verstehen;* en anglais, de *understand*, etc. Je ne sais pas une langue ancienne ou moderne où l'étymologie des mots de cette famille, quand elle est connue, n'atteste, à l'origine, l'expression d'un fait matériel. L'erreur que nous venons de surprendre chez les enfants jette donc quelque lumière sur l'un des procédés les plus usuels de toutes les langues connues. Pour certaines fonctions de leur vie, les peuples restent longtemps à l'état d'enfance. Il faut des années pour que l'enfant saisisse le fait intellectuel sous le signe tout extérieur dont son attention est d'abord frappée; il faut des siècles pour qu'un peuple attache un sens moral aux mots qui doivent former le vocabulaire de sa religion et de sa philosophie.

On a deux ou trois fois écrit la Psychologie d'Homère[1]. En réalité, tous les mots que l'on rapporte à cette connaissance de l'âme dans le grec homérique, θυμός, μένος, φρήν, ἦτορ, etc., y désignent plutôt les parties du corps où l'imagination des Hellènes plaçait le siège des opérations de l'âme, de ses passions, de ses mouvements plus ou moins réguliers. Ψυχή lui-même désigne plutôt une forme subtile de l'être physique, une ombre ou un soùffle, qu'il ne signifie le principe de la vie et des faits immatériels dont notre corps est le théâtre. Il en est de même des mots *anima* et *animus* en latin. Matérialiste et grossier au dé-

---

[1] Halbkart, *Psychologia Homeri, seu de homerica circa animam vel cognitione vel opinione commentatio* (Züllich, 1798, iu-8); — Hamel, *de Psychologia homerica* (Paris, 1832, in-8). — Cf. Daremberg, *la Médecine dans Homère* (Paris, 1865, in-8), ouvrage où l'on voit combien de prétendus termes de la psychologie homérique sont, en réalité, des termes d'anatomie, et ne designent que des parties du corps humain.

but, tout ce vocabulaire ne prend que peu à peu une valeur qui le rende vraiment capable et digne de servir au spiritualisme d'un Platon ou d'un Aristote.

Comme la réflexion, le rêve est un phénomène trop subtil pour que l'enfant puisse s'en rendre compte. A l'âge que je viens de marquer, Émile a entendu le bruit que fait un enfant qui dort et qui ronfle; il confond ce bruit avec le rêve, il l'imite et il se figure qu'il rêve.

A quel âge se produit le rêve lui-même? Comme cette faculté (s'il faut l'appeler une faculté) s'exerce avant que l'enfant puisse en attester l'exercice en nous racontant ses rêves, on ne saura jamais dire au juste à quel moment un tel phénomène se produit pour la première fois. Sans doute, il a des commencements imperceptibles et confus. Dès la deuxième année de sa vie, je vois un enfant s'éveiller subitement avec des cris causés sans doute par quelque vision pénible. Il rêvait douloureusement, mais il n'a pas su dire à quoi il rêvait ; cela ne dépasse pas le phénomène que les anciens déjà ont observé chez le chien[1]. A trois ans et huit mois, il nous raconte de prétendus songes; je n'ose pas me fier à son récit, parce qu'on a souvent raconté devant lui des songes, et que ses récits peuvent être un souvenir et une imitation. Mais je ne puis douter que le rêve soit

---

[1] Lucrèce, *de Natura rerum*, IV, v. 988 et suiv.

bien réel quand j'en suis moi-même témoin, ce qui arrive de temps en temps. Tout en dormant, il croit voir un chat près de lui, il l'appelle ou il veut l'éloigner. Une autre fois, je l'entends s'éveiller et dire avec un accent de tristesse : « J'ai ôté une pierre qui me faisait mal...; je ne mourrai pas, maman, n'est-ce pas? » On le calme et il se rendort. Les paroles qu'il a dites ne pouvaient être ni des paroles en l'air, ni une de ces petites comédies qu'il se plaît à jouer pendant la veille. L'idée de la mort et celle de la maladie, au moins par leurs circonstances extérieures, ont déjà frappé son esprit; un songe les lui représente; il est saisi de peur; la peur le réveille, et l'illusion continue quelque temps après ce demi-réveil, assez pour que ses premières paroles témoignent qu'il subit toujours l'influence du rêve douloureux.

On a pu remarquer dans les paroles que nous venons de citer un essai de raisonnement, qui nous ramène aux tâtonnements et aux erreurs de cette faculté.

L'intelligence des nombres abstraits présente des difficultés à l'esprit des enfants; mais ils se montrent rebelles à nos conventions plutôt encore qu'à la nature même des idées.

A trois ans et demi, Émile, à qui l'on fait lire le chiffre 3, numéro d'une maison, s'y refuse, « parce qu'il n'y a qu'un chiffre. » Il ne s'explique pas comment un seul signe peut marquer la pluralité. Quelque chose de cette conception naïve se retrouve dans la notation arithmétique de plusieurs peuples anciens. Les Romains et les Grecs ne marquent-ils pas les trois premières unités par la répétition du même signe : III ? Voilà encore une fois l'enfance des peuples expliquée par l'enfance de l'individu.

Quatre mois plus tard, à la question : « Quel âge as-tu ? » je lui suggère de répondre : « Trois ans et dix mois. » Il ne comprend pas cette réponse, et il dit avec un air d'étonnement : « J'ai donc deux âges ? » Il y a une certaine logique dans cette résistance à la conception du nombre fractionnaire.

Ce n'est pas d'ailleurs que l'esprit de l'enfant se refuse à l'étude des nombres ; seulement, il faut du temps pour qu'il devienne capable de s'ouvrir à certaines idées. A cinq ans et demi, les chiffres sont ce qu'il apprend le plus vite et à quoi il s'intéresse le plus, par un instinct naturel de curiosité, comme déjà cela est arrivé pour les lettres de l'alphabet. Les combinaisons de chiffres sont également apprises au fur et à mesure, sans qu'il soit besoin de lui expliquer une seule règle de position. Deux opérations élémentaires, l'addition et la soustraction, sont pratiquées sur de petits nombres avec facilité. Il s'élève même jusqu'à la division : par exemple, l'enfant s'est fait indiquer sur une carte géographique la distance de deux villes ; elle est de huit lieues ; il en conclut de lui-même qu'avec un relai à quatre lieues de la première, c'est-à-dire à égale distance des deux villes, on peut faire le voyage de l'une à l'autre.

Voici un procédé d'addition que personne assurément ne lui a suggéré. Il s'avise de noter, un dimanche, le nombre des personnes qui sont venues en visite chez son père. Ne sachant pas encore écrire les chiffres, que d'ailleurs il lit facilement, mais ayant sous la main une série de seize cartons rangés sur une planche et pleins de brochures, il imagine, pour le calcul en question, de planter une petite canne entre le premier et le second carton pour la première visite, entre le second et le troisième pour la seconde, et ainsi de suite; et, à la fin de la journée, il n'a plus qu'à compter le nombre des cartons à droite de la baguette : c'est le nombre même des visiteurs.

Un enfant de cinq ans demandait devant moi *ce que c'est qu'une heure* (on était en chemin de fer et on parlait de la durée du voyage); « c'est le temps d'une classe, » répond la mère sans hésiter. Je compris tout de suite la justesse et l'à-propos de sa réponse : l'enfant prenait déjà des leçons, et des leçons *d'une heure* avec le maître d'école du village près duquel habitaient ses parents. *Réalisée* ainsi, l'abstraction était devenue assez claire pour l'enfant, qui n'en demanda pas davantage.

Attacher un signe physique à l'idée abstraite du nombre, et la matérialiser, pour ainsi dire, est

encore un de ces procédés où l'enfance de l'individu se rencontre avec celle des peuples, et qui se
perpétue dans toutes les classes de la société où
ne prédomine pas l'éducation savante. Les ὧραι
dont le nom latinisé, *hora*, nous a donné *heure*,
ne sont primitivement que les trois *saisons* de
l'année; c'est vers le temps d'Alexandre que le
mot a pris peu à peu le sens d'un douzième de la
journée; l'usage familier, sinon la notion, d'une
division abstraite du jour en douze parties, ne
remonte guère plus haut; auparavant, pour désigner le milieu du jour, on disait πλήθουσα ἀγορά, *le
marché plein* ou *la place pleine*; pour désigner le
soir, βούλυσις, *le détèlement des bœufs*. La notation des années par le nom des magistrats *épo-
nymes*, chez les Grecs et chez les Romains, s'explique de la même manière Les saints ont un
rôle semblable dans le calendrier de nos campa-
gnards; la Saint-Jean et la Saint-Michel sont plus
familières à leur mémoire que le 24 juin et le
29 septembre. Les divisions des mois et de l'année
chez les Chinois et chez les Mexicains sont également marquées, non par des chiffres, mais par
des signes tout concrets. Ainsi l'enfance renou-
velle chaque jour sous nos yeux des tâtonnements
et des essais que l'histoire retrouve dans la vie des
anciennes sociétés et dont la trace subsiste encore
dans la vie des sociétés modernes.

L'étude du langage enfantin va nous en four-
nir d'autres preuves.

TROISIÈME PARTIE

Revenons au premier âge, d'où les considérations précédentes nous avaient écartés.

On sait que l'oreille, dès son premier contact avec l'air, devient sensible au son, et que cette sensibilité se manifeste chez le nouveau-né par le plaisir que lui apporte une voix douce et caressante, surtout par l'impression qu'il reçoit du rythme même le plus grossier. L'effet calmant que la nourrice et la mère obtiennent en berçant le nourrisson semble tenir aussi à cette mystérieuse influence des mouvements rythmiques. Or ce qui l'a si doucement ému, l'enfant tendra de bonne heure à le reproduire par l'imitation. Faute de pouvoir prononcer lui-même une phrase qu'il vient d'entendre, il en reproduira du moins l'accent, qui en est comme la musique. On veut l'habituer à remercier pour quelque don qu'il a reçu ; ne pouvant répéter la phrase de remerciement qu'on lui enseigne, il la chante sans les paroles, ou tout au moins sans les consonnes, et le plus souvent sur une seule voyelle. *Accentus anima vocis*, a dit le grammairien romain Diomède; rien n'est plus juste ni plus expressif que cette définition.

Voici la contre-partie de l'observation qui précède. Émile a deux ans; je siffle devant lui un air dont les paroles lui sont familières pour les avoir entendu chanter. Le voilà mécontent; il gesticule et il me rappelle tant bien que mal les mots que sa mémoire ne sépare pas de cette musique.

Et pourtant, les mots eux-mêmes, c'est bien lentement qu'il s'en empare jusqu'à pouvoir les employer avec intelligence et en les prononçant comme il faut. Il ne répugne pas à ce travail; au contraire. Le langage est en nous une faculté si naturelle que, dès la première enfance, l'exercer est un besoin et un plaisir. L'enfant s'y exerce d'un effort continu et qui semble n'avoir pour lui rien de pénible. Quintilien dit avec raison qu' « aucun âge ne se fatigue moins », *nulla ætas minus fatigatur*, et il ajoute : « l'esprit alors est plus docile, parce qu'il est plus flexible, » et ce qui le prouve, c'est que, deux ans après que l'enfant a pu prononcer distinctement des mots, il parle couramment de toute chose[1]. Au début, ce langage articulé est d'une indigence extrême, et il faut que le geste s'y ajoute sans cesse, et, pour ainsi dire, le commente, afin de le rendre intelligible. *Ta* désignera tout ce qui se met sur la ta-

---

[1] *Institutio oratoria*, I, 12. Cicéron, *De finibus*, V, 20, exprime sur ce besoin d'activité qui caractérise les enfants de très justes observations qu'il déclare empruntées aux philosophes grecs.

ble ; *ati* (pour *assis*) désignera tour à tour une chaise, un tabouret, un banc, etc., avec l'acte de s'y asseoir. *Papa* désigne non seulement le père de l'enfant, mais tous les objets qui appartiennent au père. Un seul mot, *main*, signifiera la main et le gant, ce qui est d'ailleurs bien naturel et se voit dans l'usage de plusieurs langues ; notre mot *gant* lui-même ne vient-il pas de *want*, qui veut dire *main* dans les anciens dialectes germaniques ? Le même mot, grâce à des analogies ou à d'autres rapports que l'enfant saisit très vite, servira pour exprimer des idées souvent fort éloignées l'une de l'autre. Félix a vingt-huit mois ; de deux personnes qui sortent habituellement ensemble il voit l'une se préparer à sortir ; il va droit à l'autre et lui dit : « beau habit, » signifiant par là qu'elle doit s'habiller pour sortir aussi. Il a vu que souvent, en ce cas, on faisait demander une voiture : le petit mot enfantin *dada* lui sert pour signifier que telle ou telle personne va sortir ou est sortie.

Cette pauvreté du langage primitif de l'enfant se retrouve, sous l'influence de causes différentes, dans le langage de l'homme parvenu à sa maturité. Le verbe *faire* possède aujourd'hui, surtout chez les personnes peu lettrées, une étrange variété d'applications ; que l'on compare les locutions : *faire tel ou tel ouvrage,* — *faire une chambre, un salon, un cabinet,* — *faire queue à la porte d'un théâtre,* — *faire ses dents :*

on y voit que le même verbe se prête aux sens les plus divers et les plus éloignés de son acception première. Nous avons noté plus haut que, dans les petits drames où se complaît l'imagination des enfants, un seul jouet, en proportion de sa grossièreté même, un morceau de bois, par exemple, se prête aux rôles les plus divers et qu'il peut représenter tour à tour des êtres animés ou inanimés, un soldat, un cheval, une maison, etc. L'usage des mots nous présente un semblable phénomène d'appropriation capricieuse, qui résiste le plus souvent à toute analyse strictement grammaticale, et je ne sais pas de langue, même parmi les plus savantes, même à son état de pleine maturité, qui n'en offre des exemples. Ποιεῖν, en grec, s'allie aux compléments les plus variés [1]; *es giebt*, en allemand, nous présente le verbe *geben*, « donner », avec un sens fort différent de son sens naturel; *il y a*, en français, représente les trois mots latins *illud hic habet*, mais n'en rappelle nullement la signification primitive; on en peut dire autant du verbe *to do* en anglais. Dans cette dernière langue, la simple addition de la particule *to* ne fait-elle point passer un substantif à l'état de verbe, sans autre changement de forme? *Pen*, abrégé du latin *penna*, en s'unissant à cette particule, signifie *écrire*, et

---

[1] Voir, pour les emplois familiers de ce verbe, l'index grec de la collection des Papyrus gréco-égyptiens du Louvre, t. XVIII des *Notices et extraits des Manuscrits.*

cette alliance d'un nom avec la particule *to* est devenue en anglais un procédé constant et régulier. A y regarder de près, c'est un procédé aussi enfantin que ceux que nous voyons employés par nos grammairiens de deux ou trois ans. Les langues ne sont donc qu'en partie une œuvre de convention et de réflexion : elles se constituent, et plus tard elles s'enrichissent, par une foule de moyens à la fois ingénieux et naïfs qu'on retrouve à peu près les mêmes aux divers âges de l'homme et de l'humanité.

Ce n'est pas la seule instruction que nous apporte sur ce sujet le langage de la première enfance.

Les théoriciens de la grammaire logique, partant toujours d'une analyse rigoureuse de la proposition, et trouvant, dans toute proposition ainsi analysée, trois termes, un sujet, un attribut et le verbe qui les réunit, s'obstinèrent longtemps à chercher dans toutes les langues la forme primitive du verbe *être*, comme si l'idée que ce verbe exprime pour un Aristote ou un Leibniz avait dû trouver dès l'origine des peuples une expression distincte, sans laquelle les hommes n'auraient jamais pu s'entendre entre eux [1]. L'école des grammairiens philologues démontre aujourd'hui par mainte observation positive la vanité de cette re-

---

[1] Voir **surtout** l'*Histoire naturelle de la Parole*, de Court de Gébelin.

cherche. En fait, l'ensemble logique de la proposition en trois parties est quelquefois représenté par trois mots, quelquefois par deux, quelquefois par un seul. Le simple rapprochement d'un nom ou d'un pronom et d'un attribut suffit à constituer une forme verbale; plusieurs temps de la conjugaison sanscrite, de la conjugaison grecque, de la conjugaison latine, ne contiennent que deux éléments, un radical attributif et un pronominal [1]. Nos enfants excellent à exprimer une foule d'idées assez complexes quelquefois, à faire deviner mainte proposition, sans connaître et sans employer ce verbe *être* que l'on croyait si nécessaire. Les sourds-muets aussi, non seulement s'en passent, mais répugnent à l'employer. Ils tendent à changer nos adjectifs en verbes; par exemple, ils diront : « Paul *méchante* » pour « est méchant », comme le grec dirait : Παῦλος πονηρεύει, et le latin : « Paulus *sapit* ou *ægrotat* »; ou bien ils rapprochent simplement l'attribut et le sujet, ce qui, pour eux, implique d'une manière suffisante l'attribution d'une qualité au sujet. Que si on leur enseigne l'usage du verbe *être* comme copule dans la proposition, ils ne s'y prêtent qu'avec peine, et la façon dont ils s'en servent témoigne qu'ils jugent inutile d'altérer par un pléonasme la simplicité naturelle de leur proposition. Un sourd-

Obry, *Du verbe auxiliaire et de son emploi comme auxiliaire dans les conjugaisons sanscrite, grecque et latine* (dans les Mémoires de l'Académie d'Amiens).

muet écrira, par exemple : « je suis mange du pain » pour « Je mange du pain », ou « Paul est marche » pour « Paul marche [1]. »

Après l'acquisition et la prise de possession des différents mots usuels de notre langue, un second progrès de l'enfant dans la pratique du langage, c'est de former une phrase par la réunion de plusieurs mots. Le premier progrès est loin d'être accompli quand déjà commence celui-ci.

A vingt-huit mois, l'enfant connaît le sens des trois mots *ouvrir*, *rideau* et *pas* (négation) ; déjà il les rapproche avec une certaine dextérité, en les accompagnant du geste et du monosyllabe *ça*. *Pas ouvrir ça* signifie « la fenêtre est fermée »; *pas rideau ça* signifie « la fenêtre n'a pas de rideau. » On reconnaît là ces grossières façons de parler qu'on décore parfois du nom de patois nègre, parce que les nègres de nos colonies n'empruntent guère à la langue de leurs maîtres qu'un petit nombre de vocables, les plus nécessaires, et qu'ils les accouplent, selon le strict besoin, sans aucun souci de la conjugaison et même de la syntaxe.

Au même âge de vingt-huit mois, Félix avait déjà accompli un troisième progrès; il commençait à conjuguer régulièrement. Dans les phrases qu'il avait d'abord répétées sans pouvoir les ana-

---

[1] Rémi Valade, *Essai sur la grammaire du langage des signes* (Paris, 1854), p. 22 et suiv.

lyser, et en n'y saisissant que le sens général, il a su dégager des idées particulières et les mots qui y répondent. Il m'a entendu dire : « *Je vais* à l'École normale », il sait en tirer : « *Tu vas* à l'École normale. »

Chez sa nièce Marthe, je note, à deux ans et sept mois, qu'elle commence à pratiquer régulièrement la flexion personnelle des verbes, et cela non plus seulement dans des phrases toutes faites qu'elle a souvent entendu répéter, mais dans des expressions où il faut que d'elle-même elle fasse passer le verbe de la première à la seconde ou à la troisième personne. L'exercice, il est vrai, n'a lieu avec sûreté que pour les personnes du singulier. Cela s'explique d'autant mieux qu'à cet âge l'enfant n'est pas encore astreint aux formalités de la politesse, qui nous impose souvent d'employer le pluriel en parlant d'une seule personne. A la même date, Marthe pratique assez régulièrement les flexions temporelles; mais elle se montre encore ignorante ou maladroite pour la différence des modes.

Le temps approche où l'enfant formera des mots par dérivation, avec un sentiment de l'analogie grammaticale qui mérite notre attention.

Vers l'âge de trois ans, quand elle n'a encore aucune idée de l'écriture ni surtout de l'orthographe, Émilie voit casser un *cerceau :* elle demande qu'on le porte chez le *cersonnier.* J'écris comme je puis le mot qu'elle invente en rattachant tant bien que mal à la finale de *cerceau* la terminaison qu'elle a remarquée dans *charbon-nier* et *cordonnier*. Ne rions pas de ce barbarisme ; l'usage n'en a-t il pas adopté beaucoup du même genre ? *ferblantier* se rattache-t-il plus régulièrement à *fer blanc? cloutier* à *clou, ergoter* à *ergo, printanier* à *printemps?* En acceptant ces mots, les grammairiens et les lexicographes subissent l'autorité du langage populaire, fait par des gens et pour des gens qui n'ont nul souci de l'étymologie et de l'orthographe savante.

En revanche, combien il y a de formes grammaticales, produit du travail des siècles, effet de la superposition des langues, qui sont maintenues dans l'usage par la tradition scolaire, mais qui contrarient la spontanéité créatrice et la logique instinctive du jeune enfant ! Il entend dire *rendre* et *rendu ;* cela l'induit à former par analogie des participes comme *prendu,* de *prendre, éteindu,* de *éteindre.* Peut-il savoir que *pris* vient de *prensus,* contraction de *prehensus?* que *éteint* vient de *exstinctus?* Ce participe *rendu* ne fut-il pas lui-même, à l'origine, une irrégularité, un barbarisme formé sur de fausses analogies, mais que l'usage avait adopté avant les grammairiens, et que l'usage leur imposa comme tant d'autres? Nos langues qu'on appelle modernes sont déjà si vieilles qu'une prescription plusieurs fois séculaire y consacre et y protège bien des irrégularités d'orthographe, bien des intrusions de mots condamnés par la théorie.

Ces accidents sont ce qui trouble le plus un sourd-muet dans l'étude de notre langue écrite. On n'a guère le temps de lui apprendre l'étymologie : aussi achoppe-t-il sans cesse devant des additions ou des suppressions de lettres que la succession des formes pourrait seule justifier. Par exemple, l'orthographe de *jour* comparé à *journal* et *journée*, celle de *four* comparé à *fournée*, sont des anomalies qui choquent sa simple logique. Il ne comprend pas pourquoi l'on dit *je dors* et *nous dormons*, et tant d'autres inconséquences de ce genre.

Dans l'expression de sa pensée, il va droit au nécessaire, et il s'y arrête, comprenant peu l'utilité de ce bagage superflu que nous appelons figures de grammaire et de rhétorique. Aussi la langue des signes mathématiques lui plaît vite par sa simplicité rigoureuse et expressive. Lorsque dans son cerveau l'intelligence n'a pas été atteinte par l'infirmité qui le prive de l'ouïe, il est, en général, apte et empressé aux études d'arithmétique, de géométrie, même d'algèbre élémentaire. Et cela se comprend, puisque, dans ces sciences, les signes de l'écriture parlent directement à son esprit et qu'on n'a pas besoin de les transcrire par des mots en forme dont l'orthographe lui serait si souvent inexplicable.

D'autres ressemblances m'ont vivement frappé

entre les créations de l'instinct grammatical chez les enfants et certains procédés qui demeurent en usage chez les hommes faits.

A trois ans, une petite fille qui possède dans une boîte quelques bonbons, veut dire à son frère qu'elle lui donnera seulement le dernier, celui qui restera au fond de la boîte, quand elle aura mangé les autres. Ne connaissant encore ni le verbe *rester* pris en ce sens, ni le mot *dernier*, elle lui dit : « Je te donnerai le *qu'un*. » Nous avons d'abord quelque peine à comprendre; puis nous devinons qu'elle a voulu dire : « Quand il n'en restera plus *qu'un*, je te le donnerai. » Or il se trouve que le grec μόνος, *seul*, d'où est venu μονάς, μονάδος, la *monade* ou l'*unité*, vient du verbe μένω, *rester*. C'est donc « ce qui *reste* de plusieurs unités d'abord réunies ». L'enfant a fait du grec en français, sans le savoir.

Son frère a trois ans et dix mois ; pour l'engager à manger de la viande, on lui dit que cela fait grandir. Là-dessus, il s'avise d'appeler la viande *du grandi*, et il demande si « le bon Dieu en a pour grandir les enfants ».

Comme il est enrhumé, je lui demande un matin, à son réveil, si, la nuit dernière, il a toussé; il me répond qu'il « n'a pas entendu la *tousse* venir ». En effet, la *tousse* et *tousser* doivent être pour lui des mots analogiquement corrélatifs. Notre mot *toux*, qu'il n'a pas encore vu écrit et dont il ignore l'orthographe, répondrait pour lui à *touer*.

Comme il entend dire *tousser* plus souvent que *toux*, il a retenu le verbe de préférence au substantif, et il tire fort à propos de ce verbe un substantif à sa façon. Quelques jours après, voyant un déménagement, il dit qu' « il y a beaucoup de *déménage* dans la voiture ». C'est encore une application instinctive d'un procédé que les Romains pratiquaient déjà, que pratiquent presque toutes les langues néo-latines, et auquel notre langue doit plus de trois cents substantifs, dérivés ainsi par apocope d'un infinitif correspondant. J'ai précisément étudié cette classe de noms verbaux dans un mémoire spécial [1], où j'ai fait voir que le français s'enrichit encore chaque jour, sous nos yeux, de mots ainsi créés par l'instinct populaire; et ce ne m'est pas un médiocre plaisir de voir que l'enfant s'associe, assurément sans en avoir conscience, au travail par lequel tant de langues modernes témoignent de leur constante fécondité.

La phonologie, cette partie si délicate de la linguistique, trouve également l'occasion d'utiles observations dans l'étude du langage chez les enfants.

Elle admet d'ordinaire que, dans les mots où deux consonnes sont rapprochées l'une de l'autre, une voyelle devait, à l'origine, séparer ces deux

---

[1] Publié, en 1864, dans les *Mémoires de l'Académie des inscriptions*, et réimprimé, avec de nombreuses additions, en 1874, dans la *Revue des langues romanes*.

consonnes qu'on a ensuite réunies, puis quelquefois confondues en une lettre double (comme le Ψ
des Grecs et l'*x* des Latins). Cette règle n'est peut-
être pas absolue ; mais elle est, au moins, d'une
application fréquente pour les consonnes très
dures à prononcer, et, si elle souffre des exceptions,
c'est surtout lorsque la seconde des deux consonnes est une liquide. Or j'ai souvent remarqué,
chez un enfant de trois ans, cette résistance à prononcer simultanément deux consonnes dures
dans la même syllabe ; en pareil cas, à moins que
l'une des deux ne soit une liquide, il supprime volontiers l'une de ces deux consonnes, ou bien il
ajoute une voyelle qui facilite la prononciation.
Même à côté d'une liquide, il y a des consonnes
qu'il altère ; par exemple, il dira *crop* pour *trop*,
cravailler pour *travailler*. L'altération populaire des mots latins dans notre langue française
présente des phénomènes tout semblables. C'est
ainsi que *spongus* a donné *es-ponge*, puis *éponge*;
que *schola* est devenu *es-cole* , puis *école*; il y a
mille exemples du même genre. Quant au changement du *t* en *c*, nous le retrouvons dans *crain-
dre*, qui vient de *tremere*.

Le son labial qui suit toujours le *q* en latin
(*qui*, *quæ*, *quod*, etc), quelquefois l'*s* (*suus*; cf. *sva*,
en sanscrit), et le *d* (*duo*, d'où *dvis-duis*, puis *bis*;
duellum-dvellum, d'où *bellum*), doit être un effet
naturel du jeu de nos organes ; car, à quatre ans,
un enfant qui jusque-là n'avait pas su prononcer

à la française la dipthongue *oi*, et qui disait *ma* pour *moi*, *ta* pour *toi*, commence à dire *mvoi*, *tvoi*; puis il arrive à la prononciation correcte de *moi* et *toi*.

Chez certains enfants, comme chez certaines races humaines, l'organe vocal a des aptitudes particulières et des résistances plus ou moins invincibles. Les anciens Égyptiens ne paraissent pas avoir nettement distingué la lettre *l* et la lettre *r*, et les Chinois répugnent absolument à prononcer cette dernière. Ce phénomène étrange se reproduit souvent sous nos yeux en Europe : plusieurs de nos enfants échangent souvent ces deux consonnes l'une avec l'autre, et il faut une grande attention de la part de leurs parents et de leurs maîtres pour les assujettir à ne prononcer *l* et *r* que là où les traditions de la langue en ont respectivement consacré l'usage. Au temps où l'éducation de famille était à cet égard inattentive, et où elle n'était pas soutenue et corrigée par l'enseignement des écoles, cette confusion a produit, dans les mots latins romanisés, des altérations qui, à force de se multiplier, sont devenues presque une loi de l'étymologie. Ainsi *apostolus* a formé *apôtre*; *epistola*, épître; *capitulum*, *chapitre*; *pulpitum*, *pupitre*; et, inversement, *peregrinus* a formé *pèlerin*, *paraveredus* est devenu *palefroi*.

L'occasion se présente ici de remarquer une loi encore plus générale que celle qui ressort de ces exemples. Dans la transition du latin au français, quand elle a lieu par l'organe populaire et non par imitation savante, la forme romane ou française, sauf de rares exceptions, conserve l'accent tonique sur la syllabe qui le portait en latin. Or nous avons vu plus haut combien l'accent tonique est saisi et appliqué de bonne heure par les enfants ; les classes illettrées ont donc cela encore de commun avec l'enfance, qu'elles sont très sensibles et très fidèles à cette musique du langage, et que, même en transformant les mots d'une façon qui nous semble, à première vue, si capricieuse, il n'est aucune règle qu'elles respectent plus constamment que celle de l'accentuation

L'instinct grammatical de la flexion ou de la terminaison, instinct si vivace encore et si fécond chez les peuples de race latine, où il produit chaque jour tant de mots nouveaux, se développe chez nos enfants dès le premier âge, comme on l'a vu plus haut. Un peu plus tard, ils prennent conscience du procédé que leur instinct a tant de fois appliqué sans le connaître ; avant qu'ils aient reçu le secours d'un enseignement grammatical, mais peut-être sous l'influence non préméditée de la conversation journalière dans une famille lettrée, ils arrivent à comprendre la valeur respective des radicaux et des terminaisons. A quatre ans et dix mois, Félix me dit, un jour, sans être provoqué par aucune question, qu'en *Allemagne* on devait parler *allemand*, car « il y a *all* dans les deux mots ». Je note l'observation sans y insister auprès de lui, car je ne veux pas fatiguer son intelligence en lui faisant poursuivre cette analogie dans d'autres mots ; mais sans doute il comprendrait dès lors le rapport de *Suède* avec *Suédois*, d'*Italie* avec *Italien*, d'*Espagne* avec *Espagnol*.

Cinq mois plus tard, il joue avec la même idée, qui, apparemment, lui est devenue familière. Comme on lui demande, je ne sais à quelle occasion, quelle langue parlent les hommes de l'Est ? il répond : « l'estin » ; — « les hommes de Charenton ? — le charentonin », etc. Il forge ces mots à l'imitation du mot *latin*, qui est le nom de langue étrangère qu'il entend le plus souvent prononcer. Il y a là, incontestablement, un effort personnel de son esprit, mais un effort qui n'est nullement laborieux : il continue avec intention, mais en manière de jeu, à former des mots par analogie, comme il le faisait, plus jeune, sans intention, sans malice, par un instinct aveugle.

Dans ses premières études de grammaire, l'enfant va plus loin encore; et il me fournit plusieurs exemples curieux d'un véritable raisonnement analogique. L'écolier, marchant sur les traces du maître, prétend bientôt compléter par lui-même l'enseignement qu'il reçoit. Dans les raisonnements qu'il fait alors, les prémisses lui ont été fournies, mais la conclusion lui appartient en propre.

A cinq ans et demi, le fils d'un savant grammairien dit à son père : « Mais il y a des verbes féminins ! — Comment ? — *Pondre* est un verbe féminin ; on dit toujours : *elle* pond ; on ne dit jamais : il pond. »

Vers l'âge de neuf ans, Félix apprend déjà depuis quelques mois les déclinaisons latines ; les irrégularités qu'il y remarque le choquent et l'embarrassent, et il dit que « s'il avait fait le latin », il aurait voulu arranger telle ou telle chose autrement. Je n'essaye certes pas, à ce propos, de lui expliquer comment ceux qui « ont fait le latin » n'étaient pas des grammairiens, mais bien plutôt des enfants, plus enfants que lui et moins raisonneurs, et pourquoi leur œuvre n'est pas à refaire.

Voici, sous cette même date, une observation critique, moins ambitieuse et plus juste, de notre écolier. Dans son Lhomond, on donne pour équivalent à *sororibus* les mots français : *aux ou par les sœurs*. Cela ne le satisfait pas ; il trouve irrégulier que, pour deux formes françaises, il n'y ait qu'une seule forme latine ; et il demande pourquoi *aux* et *par les* ne se marqueraient pas en latin par deux cas différents, ce qui ferait sept cas au lieu de six. Il a parfaitement raison ; Quintilien a depuis longtemps remarqué que dans *hasta percussi*, *hasta* n'est pas, à proprement dire, un ablatif [1] ; en effet, c'est un *instrumental*.

---

[1] *Instit. orat.*, I, 4, § 26.

Les grammairiens romains auraient pu consacrer, comme le faisaient les Indiens, par un terme spécial, cet usage particulier de leur ablatif.

Sur ce chemin notre petit grammairien français marche assez vite ; je pourrais citer d'autres témoignages de son esprit critique. Ces velléités novatrices sont d'ailleurs aussi vite oubliées qu'elles ont été conçues, et elles ont peut-être pour mon esprit plus d'importance que pour le sien ; mais on aime à constater que tout n'est pas à dédaigner dans les suggestions du bon sens enfantin au sujet de nos conventions grammaticales.

QUATRIÈME PARTIE

On a souvent observé que, dans des conditions d'ailleurs égales, le dernier venu, dans une famille de plusieurs enfants, se montre plus précoce que les autres : d'abord le voisinage de ses aînés est une excitation journalière pour son intelligence; ensuite, ce voisinage crée entre lui et les grandes personnes des intermédiaires qui facilitent pour lui certains progrès. C'est ce que je crois avoir nettement constaté chez le plus jeune de mes enfants.

Dès l'âge de dix-huit mois, il pratique bon nombre d'articulations; aux unes je ne puis attribuer aucun sens, bien que je sois tenté de leur en supposer, car elles reviennent souvent et régulièrement dans son babil journalier; les autres sont l'abréviation monosyllabique et plus ou moins grossière de mots qui désignent des personnes, des objets de toilette, des aliments, etc.

Au moment du repas, il sait appeler les absents et tirer par leurs vêtements ceux qui doivent s'asseoir à la table de famille.

Un jour, il jouait avec de larges jetons d'ivoire dont deux étaient ébréchés et lui plaisaient beaucoup, on ne sait pourquoi. Cela lui donne l'idée d'en ébrécher d'autres, ce qu'il ne peut faire, même en s'y efforçant des deux mains. Il n'a pourtant pas vu casser les deux jetons qui sont pour lui l'objet d'une si étrange préférence ; quelqu'un de la maison les avait brisés en les froissant du pied ; mais l'enfant a déjà vu briser, il a lui-même brisé d'autres objets avec ses deux mains. Il y a dans son effort un mélange d'imitation et d'invention, et comme une ébauche précoce de raisonnement.

Le procédé analogique que nous trouvons ici transporté dans l'ordre des actions est d'ailleurs identique à celui dont nous remarquons souvent les effets dans son langage, lorsqu'il crée spontanément des mots comme *déprocher* pour éloigner, *délumer* pour éteindre, ou comme *nous voirons* pour *nous verrons*[1]. Son intelligence n'a

[1] Voici quelques faits analogues cités par Schleicher (*Quelques observations sur les enfants*, dans les *Beitraege zur vergleichenden Sprachforschung*, t. II, p. 497-498) : La « force de l'analogie » conduisait ses enfants à employer, à la place des participes usuels *gegeben*, *gethan*, *geschrieben*, les formes *gegebt*, *getut*, *geschreibt* (cf. les participes *prendu*, *éteindu*, que nous avons cités plus haut). « Quelquefois, deux mots se confondaient en un seul. Ainsi ma petite Emma, de *Netz* (filet) et *Mütze* (bonnet), avait formé *Nütze*. De *blenden* (aveugler) et *glaenzen* (briller), mon Erhart fabriquait le verbe *blaenzen* ; il disait : *Die Sonne blaentz mir*, au lieu de : *blendet mich* (le soleil m'éblouit). » Ces barbarismes peuvent être rendus dans notre langue par des équivalents : supposons qu'une petite française demande son *follet*, pour : le *filet* qui lui sert de *bonnet*; et qu'un petit garçon dise : « Le soleil m'é-brouille », pour : « Le soleil brille tant qu'il m'éblouit. »

presque rien à faire pour les créer; elle suit, pour ainsi dire, d'elle-même une ornière tracée par l'usage.

Mais, à vingt-huit mois, je vois s'étendre la portée de son raisonnement. Il devine qu'une personne qui prend son chapeau se prépare à sortir, que, sortant, elle traversera la cour, qu'il pourra l'y voir passer; dès qu'elle prend son chapeau, il se dirige vers la fenêtre pour assister à son départ.

Et voici, un peu après l'âge de quatre ans, un exemple de véritable raisonnement analogique. L'enfant voit son image dans sa timbale d'argent; il remarque cette image raccourcie de sa propre personne, et comme avec lui sont, devant la table, deux autres personnes, son frère aîné et son père, il dit au frère aîné : « Félix voit un petit Félix dans son verre; Émile verra un petit Émile; papa verra un petit papa. » L'analogie purement instinctive et sans réflexion semblerait devoir lui suggérer : « Émile et papa verront un petit Félix dans leur verre. » Mais il a reconnu dans son image un effet de miroir, malgré toutes les différences qu'il y a entre une glace plane et la surface concave d'un objet métallique; sa raison a conçu que la même cause devait produire dans des circonstances différentes deux effets différents, et ces effets, dont il ne pouvait observer la diversité, il les a prévus correctement.

Vers le même âge, Félix joue au cocher; pendant ce temps, Émile rentre à la maison. Pour m'annoncer son frère, Félix ne dit pas : « Émile est rentré » ; il m'annonce « le frère du cocher ». Il fait une vraie figure de rhétorique, ce qu'il apprendra plus tard à nommer un *trope :* c'est la substitution, très naturelle, si l'on veut, mais réfléchie, d'un terme à un autre, d'une périphrase à un nom propre. Il est intéressant de voir ainsi poindre ce sentiment de la variété dans l'expression, qui est une des richesses du langage humain.

Combien tout cela dépasse la portée de l'intelligence que nous nous plaisons à reconnaître chez les animaux les mieux doués en dehors de l'espèce humaine ! Ceux qui admirent l'instinct et ses effets chez les bêtes ne les admirent qu'en partant de l'idée que la bête n'a pas et ne peut avoir une intelligence comparable à la nôtre. Autrement, ils n'auraient que pitié pour les plus merveilleux tours d'adresse accomplis par le singe et par le chien le plus savant. Aristote se demande, dans un de ses *Problèmes*[1], pourquoi l'homme parle plus tard que les autres animaux, et il se répond à lui-même : « Parce qu'il parle mieux » ; mais l'homme parle mieux ou plutôt il *parle* seul, parce que seul il pense, et parce que sa pensée est toujours en mouvement et en progrès.

[1] X, 57. On trouve aussi dans Quintilien, *Instit. orat.*, II, 16, § 12-17, une bonne page sur la parole considérée comme la faculté qui distingue éminemment l'homme de la brute.

Entre quatre et cinq ans, la faculté du raisonnement me paraît faire des progrès rapides, et la curiosité même, si naturelle au jeune âge, l'aide à se développer. A quatre ans et deux mois, Émile voit fermer la fenêtre dans une chambre où l'on fume. Il se demande par où sortira la fumée, et il se répond en indiquant les fentes que laisse la fenêtre même fermée; « car, dit-il, la fumée est *toute petite*, c'est comme l'eau; quand je mets de l'eau dans ma main, elle passe par là »; et il montre l'interstice de ses doigts serrés l'un contre l'autre. Le raisonnement analogique est complet sous cette forme naïve : de ce qui a lieu pour un liquide il conclut ce qui aura lieu pour une vapeur, sans connaître la différence de ces deux fluides.

A cet âge, il y a déjà quelque temps que je lui vois faire des syllogismes sous la forme abrégée que les rhétoriques appellent *enthymème*, ou sous des formes plus abrégées encore. Il remarque sur ma table une de ces cartes qui indiquent la place des convives dans un dîner, et cette carte porte mon nom; il me demande *l'autre carte;* je ne comprends pas d'abord; mais il m'explique bientôt que la carte qu'il me demande est celle *d'invitation*, parce qu'il a vu des invitations à dîner écrites sur des cartes de ce genre. Ainsi : tout dîner suppose une carte d'invitation; or tu es allé dîner en ville; donc tu as reçu et tu dois avoir une carte d'invitation. Il se passera dix ans encore avant qu'il apprenne dans un livre de logique comment il a fait là un bel et bon raisonnement. Mais n'y a-t-il pas longtemps aussi qu'il marche ferme sur ses deux jambes, c'est-à-dire qu'il applique les lois de l'équilibre? Plus tard aussi, en suivant sa classe de physique, il apprendra que l'équilibre résulte d'une juste attention à soutenir le centre de gravité de tout son corps. Un mathématicien disait un jour devant moi que la théorie du syllogisme est une puérilité, parce qu'elle nous apprend à faire ce que notre esprit fait tout seul et sans leçons. Je me permis de lui répondre que la marche et la course sont, comme le syllogisme, des pratiques naturelles et irréfléchies, ce qui n'ôte rien à la valeur des théories savantes sur le centre de gravité.

Mais revenons au jeune sujet qui pose devant nous sans le savoir, et que nous aimons d'autant mieux à observer dans la parfaite naïveté de ses mouvements.

Dès le commencement de sa quatrième année, l'enfant se montre capable de distinguer nettement les trois notions du présent, de l'avenir, et du passé. Jusque-là il ne faisait guère que répéter machinalement les mots que notre usage consacre pour marquer cette distinction. Maintenant, il annonce ce qu'il fera lui-même ou ce qu'un autre fera après que telle ou telle chose aura été faite. Il dit au frotteur : « Tu *viendras* chez nous *après* que tu auras frotté chez M. un tel » (notre voisin).

Point de confusion désormais dans l'emploi des principaux temps d'un verbe ; il ne s'y trompe plus. Bientôt son langage témoignera qu'il comprend les nuances qui distinguent, par exemple, l'imparfait, le parfait et le plus-que-parfait. Des voyageurs ont raconté que certains peuples sauvages, comme les Esquimaux du Groënland, n'ont jamais pu s'élever jusqu'à la distinction de différents degrés d'éloignement dans le passé ; leur horizon intellectuel est si borné, si uniforme, qu'ils ne conçoivent et ne pratiquent pas la généalogie au delà des membres de leur famille présente et vivante sur la terre. J'ignore si, dès la naissance, et par une secrète influence de l'hérédité, nos enfants apportent avec eux en ce monde une aptitude particulière à concevoir et à développer de bonne heure ces notions élémentaires ; ce qui est certain, c'est que la vie de relation, dans un milieu comme celui de nos sociétés civilisées, les excite en cela, dès le premier âge, à des progrès que l'enfant sauvage est peu capable d'accomplir sous la seule action du milieu qui l'environne.

L'enfant, à l'âge de trois et quatre ans, où je m'arrête en ce moment, distingue assez bien le mensonge de la vérité dans les choses de la vie. Par ses jeux, par les petits drames auxquels ses jouets servent d'instruments, il a et il montre une notion, confuse encore, mais réelle, de la fiction et de la réalité. Un jour, il me frappe de sa baguette, et comme je parais me fâcher de cette violence enfantine, il se hâte de me dire que « c'est pour rire ». Encore, ces trois mots, sait-il à peine alors les prononcer distinctement. Il en connaît le sens ; il est très loin de pouvoir s'en rendre compte en décomposant la phrase qu'il emploie avec tant d'à-propos et de justesse. Bien avant cette période où il s'essaye au langage articulé, on voit qu'il comprend, comme nous disons, la plaisanterie : on joue à lui faire peur, et ce jeu l'amuse, parce qu'il n'est pas réellement effrayé ; dès l'âge de quatorze mois, je l'ai vu sensible à ce plaisir, et je distinguais très nettement, à l'accent de ses cris, la frayeur réelle, qui est une souffrance, et cette frayeur artificielle, qui n'est qu'un amusement. Je ne m'étonne donc pas que, deux ans plus tard, il me frappe et m'effraye pour s'amuser.

On me cite une petite fille de quatre ans qui, à cet âge, avait découvert l'existence d'une nuance intermédiaire entre le vrai et le faux absolus. Elle l'exprimait ainsi à sa grand'mère : « Moi, je suis vraie tout à fait ; les bonshommes de Séraphin, c'est *vrai de joujou* ; et quand je joue avec ma petite Jeanne, c'est pas vrai du tout. »

Mais si l'enfant fait de bonne heure ces distinctions, il ne faut pas en conclure qu'il sait en même temps les appliquer sans erreur ; souvent, peu lui importe que le récit qu'il entend soit véridique ou fabuleux ; il lui suffit que ce récit l'amuse. Ce qui lui manque surtout, c'est la notion d'un caractère distinctif de la vérité historique ; il faut beaucoup de temps pour que la notion du *vrai-semblable* se forme et s'établisse dans son esprit.

A quatre ans, Félix aime à se faire conter des historiettes que, certainement, il ne comprend pas bien ; il les suit d'une oreille attentive, et il demande qu'on les lui répète. Son esprit a quelque prise sur tel ou tel mot, sur telle ou telle phrase : cela suffit pour que sa curiosité s'attache à l'ensemble avec une sorte de passion. Il s'essaye même à imiter ces petites narrations. Mais les récits qu'il nous fait entendre sont décousus, peu raisonnables ; comme, dans l'usage de la parole, il a beaucoup tâtonné, beaucoup vocalisé, articulé, avant d'attacher un sens aux sons qu'il prononçait, ainsi ses narrations enfantines ne sont guère plus qu'un verbiage amusant pour sa petite vanité, qui croit par là se hausser à la taille des grandes personnes.

A cet égard, j'ai dû bientôt noter une différence entre la narration verbale et la narration écrite ; celle-ci, quand il a pu la lire, vers cinq ans et demi, et quand on la lisait devant lui, l'attachait moins vivement, le séduisait moins à l'imitation. Au contraire, si je lui racontais une histoire, il s'y associait volontiers par des corrections, par des additions arbitraires, selon le caprice de son imagination et de sa curiosité. Il se mettait de moitié avec moi dans le roman et me suggérait sans cesse ce qu'il voulait entendre raconter. Ce phénomène intellectuel ne me paraît pas sans conséquence ; il doit être pour quelque chose dans les développements de la légende chez les peuples primitifs, avant qu'ils aient l'usage de l'écriture. Alors, nulle critique du témoignage sur lequel repose la tradition du passé ; chacun le transforme à sa guise, et substitue, sans en avoir conscience, les fictions aux réalités. En Grèce, l'âge homérique nous laisse voir cette infirmité enfantine de l'intelligence humaine : μῦθος signifie, chez Homère, toute parole prononcée ; tout récit des choses anciennes, étant d'ordinaire accompagné de musique, s'appelle ἀοιδή ou chant. L'historien des héros est un chanteur, ἀοιδός, qui charme la foule par son éloquence, mais qui reçoit aussi de la foule et son inspiration et sans doute plus d'une suggestion pareille à celles dont je viens de parler. Homère dit quelque part d'un de ses personnages qu' « il faisait beaucoup de mensonges, semblables à des vérités[1] ». Mensonge et vérité sont donc déjà, comme chez nos enfants, deux choses distinctes pour la conscience humaine ; mais il n'y a pas encore une science qui s'applique à les distinguer. Même durant la période de transition entre l'âge homérique et le siècle de Périclès, tout récit des vieilles légendes s'appelle λόγος, *parole*, *ce que l'on dit* (comparez *saga* et *sage* dans les dialectes germaniques) ; et quand ce mot aura pris le sens de *prose* chez les prédécesseurs d'Hérodote, chez

---

[1] Ἴσκεν ψεύδεα πολλὰ λέγων, ἐτύμοισιν ὁμοῖα (Odyssée, T, v. 203).

les *logographes*, comme on les appelle, l'esprit grec sera bien lent à se faire des règles pour séparer la fable de l'histoire véritable.

La même confusion entre ces deux choses reparaît partout où nous retrouvons cet état de demi-culture qui caractérise l'âge héroïque de la Grèce. L'Occident, au moyen âge, après la destruction des écoles savantes de l'antiquité classique, a vu la légende déborder sous toutes les formes, se mêler à l'histoire et l'envahir avec une insouciante fécondité. Que de grossiers apocryphes se répandent alors, qui n'excitent nulle part cette défiance réfléchie que nous appelons l'esprit critique ! Ces apocryphes sont des écrits ; peu importe : lecture ou audition ont produit la même impression sur des intelligences naïves, dans une société qui est comme revenue à son âge d'enfance.

Ici encore l'observation de l'individu enfant m'apporte un enseignement précieux.

A sept ans et demi, Félix reçoit en cadeau un recueil de contes pour les enfants. Il voit dans la préface que l'auteur donne ces aventures pour des faits véritables, et il s'étonne que nous paraissions en douter ; son esprit confiant ne va pas au delà de la déclaration qu'il a lue ; d'autant plus que les récits sont, pour lui, suffisamment vraisemblables. La critique historique demande donc plus d'expérience et plus de maturité intellectuelle qu'il n'en peut posséder encore.

Dans les deux années qui précèdent la date de

cette observation, on lui a fait apprendre quelques pages d'histoire proprement dite, et il s'y est vivement intéressé. Il était même très exigeant sur les dates de l'histoire sainte, sur la durée des règnes, etc. Il ne comprenait pas qu'on y laissât des lacunes, qu'on y marquât d'un doute les faits incertains. Il est donc toujours bien loin de cette maturité de la raison qui ferait la part des événements douteux entre la fable et la réalité. L'état actuel de son esprit, rebelle à la notion du douteux et à celle de la simple probabilité, correspond à peu près à celui de l'esprit grec dans la période où l'on s'essayait péniblement à débrouiller le chaos des vieilles légendes pour en dégager le peu de faits véritables qui s'y trouvaient mêlés avec mille traditions fabuleuses.

Dès la cinquième année, c'est-à-dire à un âge où l'enfant a moins besoin des secours du dehors pour soutenir son être, si fragile qu'il soit, je remarque combien [il est sociable, combien il répugne à la solitude. Certains enfants jouent seuls sans paraître pour cela être plus malheureux ; mais que l'on ne s'y méprenne pas : c'est qu'ils se sont fait avec leurs jouets une société imaginaire qui remplace pour eux celle des êtres vivants. La plupart d'entre eux ont même un compagnon invisible, produit fabuleux de leur imagination, avec lequel ils causent quand ils sont seuls : telle était « la petite Jeanne » que nous citions tout à l'heure et qui n'était « pas vraie du tout ». A mesure que l'enfant apprend et que son esprit se développe, il se plaît à communiquer ce qu'il sait; il fait la leçon aux grandes personnes avec un sérieux souvent très comique.

En même temps, le caractère se détermine par des préférences d'attention et d'activité; l'ambition commence à poindre. Tel a du goût pour l'équitation et les attelages; et comme les plus beaux chevaux, les plus riches attelages, appartiennent aux grands de ce monde, son rêve ambitieux serait d'être « cocher de grande maison ». Tel autre aime les exercices de main, comme la menuiserie, et il annonce la prétention de devenir menuisier. Ne croyez pas pour cela qu'il se rende bien compte de nos distinctions sociales, car un jour il me demande « ce que font les comtes et les marquis ». Il a sept ans alors, et ne croit certes pas faire une épigramme. Sa sœur, un jour, frappée du caractère et du costume qui distinguent les prêtres des autres hommes, nous a fait cette question : « Est-ce que les prêtres mangent ? »

A l'âge où l'enfant aspire à une profession inférieure à la situation sociale de sa famille, il ne peut encore se faire une idée de la profession de son père, ni par conséquent y prétendre. Cette ambition lui viendra plus tard, et elle aura deux périodes : d'abord celle de gloriole naïve, puis celle de résolution consciente et réfléchie. Dans cette seconde période, sous l'empire même de la réflexion, l'ambition pourra bien changer d'ob-

jet; mais tout autre est le désir, né de l'ignorance et de l'imagination, qui porte l'enfant à vou-
loir devenir « cocher de grande maison »; tout
autre est la vocation ou le choix raisonné qui en-
traîne, par exemple, vers l'industrie le fils d'un
professeur ou vers les sciences exactes le fils d'un
commerçant.

C'est vers sept ans que commence chez l'enfant
le goût des collections, collections d'insectes, collections de minéraux, et plus souvent, de nos jours,
collections de timbres-poste. Ces manies enfantines
sont souvent pour lui d'utiles occasions de s'in-
struire; mais il faut pour cela qu'elles ne deviennent pas exclusives; il faut que l'enfant lui-même,
s'il se peut, ne les considère pas comme un but où
doit tendre son activité, mais comme un moyen
de son développement intellectuel. Les collections,
bien entendues, sont des *leçons de choses*. L'art
du bon instituteur consiste à encourager à propos
ces instincts curieux, à les surveiller, à les modé-
rer quand il y a lieu, et à en tirer parti pour l'éducation de l'esprit. La méthode du P. Girard « pour
l'enseignement de la langue maternelle », les in-
novations introduites par Frœbel dans l'éducation
de la première enfance, reposent sur des observations de ce genre judicieusement appliquées à la
pédagogie pratique. C'est ainsi, par exemple, que
Frœbel familiarise les petits enfants avec les notions de géométrie élémentaire, en utilisant le besoin naturel qu'ils ont d'occuper leurs doigts, et

en mettant entre leurs mains des baguettes qu'ils arrangent pour former des figures géométriques.

Cela me conduit à quelques observations relatives aux notions géométriques les plus élémentaires ; ces observations se rapportent toutes aux premiers mois de la huitième année, et elles marquent un notable progrès de l'intelligence, accompli en dehors de tout enseignement formel.

La longueur et la hauteur ont un élément linéaire commun. Voici comment Félix comprend cette idée et s'essaye à l'exprimer. Il songe à mesurer la longueur d'un tunnel que nous venons de traverser sur le railway ; il se le représente « long comme le Panthéon, s'il était couché par terre ». L'occasion m'est favorable, et je la saisis, pour lui apprendre les mots techniques à l'usage de ces sortes de mesures.

Mais son intelligence ne peut me suivre longtemps sur cette voie, où pourtant elle s'est engagée d'elle même, et quand une fois il a dit : « Je ne comprends pas », la prudence conseille d'ajourner de telles explications où toute la dextérité du maître ne peut suppléer à l'insuffisance actuelle d'une faculté encore trop peu développée.

Malgré cette faiblesse, l'enfant s'intéresse obstinément à l'idée des mesures de longueur. Sur une route que nous suivons à pied, il se fait expliquer les bornes kilométriques et hectométriques ; à ce propos, un scrupule lui vient à l'esprit ; et il trouve moyen de me l'expliquer tant bien que mal : si une borne devait être placée au milieu d'un chemin transversal à la route où l'on marque ainsi les distances, comment s'y prendrait-on pour placer cette borne sans gêner la circulation? La question, en effet, a dû se présenter à messieurs les ingénieurs, et je ne sais pas bien moi-même comment ils l'ont résolue.

Autre remarque, qui laisse voir, dans le même sens, un notable effort de raisonnement. Notre rue va s'augmenter par le bas d'une rue étroite que l'on se propose d'élargir selon l'alignement de la nôtre. Félix en conclut que notre maison va changer de numéro, et il ajoute que cela n'aurait pas lieu si l'allongement de la rue se faisait par l'autre bout.

Le raisonnement que je vais citer suppose un effort plus remarquable pour cet âge. Regardant par la fenêtre, un dimanche matin, l'enfant me dit qu'il y a moins de monde aujourd'hui dans Paris qu'il n'y en a les autres jours de la semaine. D'où lui vient cette idée? C'est qu'il a observé que la voiture des *boueux* n'est pas aussi pleine que de coutume. Ce raisonnement a au moins trois degrés que son esprit a su traverser très vite : 1° le tombereau d'aujourd'hui est moins plein que celui d'hier ; 2° donc les maisons ont déversé moins d'immondices sur les tas d'ordures ; 3° donc il y avait dans les maisons moins de consommateurs. Tout cela s'est coordonné dans sa tête en quelques minutes. C'est pourtant sur des inductions semblables que se fondent les théories de la statistique. Chose étrange, le même enfant qui nous étonne par des raisonnements si ingénieux ne donne d'ailleurs, dans ses études, aucun signe d'intelligence supérieure; deux ans plus tard, il ne fera ni de meilleures versions, ni de meilleurs thèmes latins; il montrera la même étourderie que ses camarades pour l'orthographe de sa propre langue, pour l'arithmétique élémentaire.

Au même âge, son frère nous a présenté des phénomènes analogues. A sept ans, il cherchait un jour avec moi un objet perdu ; comme nous ne parvenions pas à le retrouver, il me dit : « Pourtant quelque chose est toujours quelque part. » C'est, sous une forme bien naïve, mais déjà très claire, l'idée que toute matière occupe une place dans l'espace; je n'aurais certes jamais songé à la lui enseigner; la formule générale s'est dégagée toute seule, et sans aucun effort appréciable à mes yeux, de l'observation d'un fait particulier.

Nous allons voir cette même idée de la nécessité de l'espace affirmée par Félix, quand il avait sept ans et neuf mois, affirmée avec assurance, et même avec exagération, sans que la moindre leçon ait pu l'y préparer. L'enfant demande à sa mère : « Qu'est-ce qu'il y avait avant le monde ? » Réponse : « Dieu qui l'a créé. — Et avant Dieu ? » Réponse : « Rien. » A quoi l'enfant réplique : « Non, il devait y avoir la place où Dieu est. » L'enfant exprimait ainsi un besoin invincible de l'esprit, une de ces conceptions nécessaires qui ont leur expression enfantine et irréfléchie bien avant que la philosophie en trouve la formule savante. L'étude physiologique du cerveau et du système nerveux a pénétré, depuis quelques années, bien des mystères de notre organisme; découvrira-t-elle jamais dans les organes de l'enfant, de l'adolescent et de l'homme fait, un développement de subtilité qui réponde à ces délicates successions de nos idées?

L'espace est pour l'enfant, à l'âge où je le considère en ce moment, une conception nécessaire. Mais le conçoit-il comme infini? J'hésite à le croire. Quelques années auparavant, à cette question indiscrète : « Qu'est-ce que l'espace? » il répondait : « C'est le ciel », de même qu'il disait: « Le temps, c'est l'année ». Je ne vois pas qu'il ait encore dépassé cette conception primitive et bornée. Dans l'écolier de sept ou huit ans, nous avons sous les yeux un Indien de l'âge védique, un Grec du temps d'Homère, un Hébreu du temps de Moïse; la notion de l'infini lui est étrangère; son langage, tout au moins, borne l'espace et matérialise la limite de l'espace. Et pourtant son esprit très curieux s'intéresse à des livres que je n'ai certes pas mis avec intention entre ses mains, par exemple à l'*Annuaire du bureau des longitudes;* il s'amuse à y compter le nombre des planètes, et il s'inquiète de savoir comment on a pu en connaître le poids, sur quoi l'on se

garde bien de le satisfaire. On voudrait, en revanche, lui expliquer au moins, à cette occasion,
ce que c'est que l'horizon ; car il a souvent demandé quelle est la situation des étoiles dans le
ciel, et ce que c'est que le ciel ; mais, on a beau
faire, il ne parvient pas à voir dans le ciel autre
chose qu'une sorte de voûte. Nous n'essayerons
pas de forcer le progrès naturel de l'âge ; nous
chercherons au contraire à tourner vers des études
plus abordables cet effort prématuré de son intelligence.

Les conceptions géographiques lui offrent moins
de difficulté. On ne lui fera pas comprendre que
la terre est suspendue dans le vide et qu'elle s'y
maintient par l'action simultanée de deux forces ;
mais il concevra sans peine qu'elle est ronde,
qu'elle tourne autour d'elle-même et qu'ainsi elle
présentera tour à tour au soleil les diverses parties de sa surface sphérique. Une pomme, que
l'on fera tourner autour de la bougie ou de la
lampe suffit à cette démonstration, dont le sujet,
d'ailleurs, n'a rien d'abstrait. L'enfant saisit avec
rapidité quelques idées qui se rattachent à celle
de la rotondité du globe. Vers neuf ans, il a
rencontré dans un livre le mot *antipode*, et il veut
qu'on le lui explique. A peine lui ai-je dit, pour
expliquer la définition générale par un exemple,
que Paris a pour antipode tel point du grand
Océan, qu'il en conclut aussitôt que tout pays
doit avoir ses antipodes. C'est précisément ce jeu

spontané de son intelligénce que je cherche à constater avec précision.

Devant les merveilles du monde céleste et de la nature, comment s'éveille chez l'enfant l'idée d'un Dieu créateur? Évidemment par l'analogie de cette cause suprême avec la cause, avec le principe d'action qui est en nous. Nous nous sentons capables de produire certains effets, et les effets que nous ne pouvons produire, nous en cherchons la cause hors de notre être. Que, dans une société civilisée comme la nôtre, l'éducation aide beaucoup à la raison de l'enfance, cela n'est pas douteux ; mais ce qui l'est moins encore, c'est la docilité de l'enfance à suivre, sur ce point, les leçons qu'elle reçoit. L'idée abstraite de l'absolu est presque inabordable à l'esprit humain avant son âge de maturité. Mais l'idée d'un Dieu père et créateur entre dans l'idée de l'enfant et s'y développe avec facilité. On est même quelquefois tenté de croire qu'elle n'y entre pas du dehors, qu'il en apporte avec lui le germe dès sa naissance, et que toute notre science consiste à la dégager, à la féconder en l'épurant. Polythéiste, l'homme subdivise l'idée de Dieu ; chrétien ou philosophe déiste, il la personnifie en un seul être : c'est là toute l'influence de l'éducation à cet égard. L'Athénien ou le Romain croit à plusieurs dieux, parce que sa famille croyait à plusieurs dieux ; l'élève de nos sociétés modernes n'en reconnaît qu'un, parce que nous dirigeons en ce sens l'esprit religieux de l'enfance. Mais, des deux côtés, on observe le même besoin d'admettre une cause personnelle et vivante de tous les phénomènes que le monde déroule sous nos yeux.

J'ai remarqué aussi, en ce sens, que les récits de l'Évangile sont de très bonne heure une lecture intelligible aux enfants, parce qu'ils leur présentent presque toujours de Dieu une idée familière et aimable.

La métaphysique de l'absolu impersonnel peut bien conclure de ces observations que l'idée religieuse, la conception d'un Dieu unique et personnel, si elle est propre à l'enfance, est, par cela même, moins digne de l'âge mûr. Cette objection, je l'avoue, ne m'embarrasse pas : je trouve tant de difficultés à concevoir le monde à la façon des panthéistes, que je me résigne sur ce point à la religion des enfants : elle ne résout pas tous les problèmes, elle ne répond pas à tous mes doutes ; mais mon esprit et mon cœur y trouvent encore leur meilleur aliment.

J'ai vu d'ailleurs poindre chez l'enfant, à côté de la religion où il est élevé, le sentiment de l'égalité des religions devant une conscience impartiale ; mais, comme on va le voir, aucune réflexion sérieuse ne se mêlait à ce sentiment.

A sept ans et demi, Émile apprend dans son catéchisme le formulaire de la foi catholique, et déjà il sait qu'il y a d'autres religions ; sur quoi il fait un jour ce raisonnement : « Les protestants

et les schismatiques croient sans doute que leur
religion est la meilleure; si l'on faisait pour eux
des catéchismes, on y mettrait que c'est leur religion qui est la bonne. » Cela, il est vrai, n'a pas
la portée que d'abord on pourrait croire; l'enfant
raisonne par analogie, comme nous l'avons vu
faire tant de fois.

Toutes les délicatesses du sentiment moral ne
sont pas le produit de l'éducation et le privilège
d'un âge plus avancé. J'en ai vu naître quelques-
unes dès l'âge de quatre ou cinq ans, et cela chez
des enfants que j'observais avec l'attention la plus
désintéressée.

Par exemple, l'instinct du remords et de la ré-
paration se montre volontiers après les petites
rébellions de la volonté. L'enfant n'est jamais
plus gai qu'après ces orages; on croit voir chez
lui l'intention de faire oublier le chagrin qu'il a
causé par ses mutineries; c'est au moins l'intention de se faire bien venir après avoir mérité des
reproches. Dans les premières années, il se peut
qu'à la fatigue des cris et des pleurs succède simplement une sorte de bien-être où il se complaît
sans réflexion, et qui donne à sa figure, à ses
manières, l'apparence d'un désir affectueux d'être
aimable envers ses parents; en tout cas, on aime à
s'y laisser prendre.

J'ai parlé des résistances de la volonté; elles
sont fréquentes à cet âge. On dirait même qu'elles
sont comme le premier essai d'une force qui n'a

conscience d'elle-même qu'en s'exerçant contre la force d'autrui. Quand la volonté paternelle l'emporte, celle de l'enfant est quelquefois ingénieuse à dissimuler sa défaite. Pendant plusieurs jours, Félix, âgé de sept ans et trois mois, refusait absolument de boire certain sirop hygiénique; le jour où il s'y est résigné, il a supplié qu'on n'en dît rien à son père, et il ne souffrait pas qu'on lui fît compliment de son courage. Il se voyait vaincu, et sa défaite l'humiliait plus qu'il ne sentait le mérite de son obéissance. Les premiers maîtres de l'enfance ont souvent à composer avec ces ruses d'un orgueil qu'il est prudent de ne pas heurter à tout propos.

On a souvent remarqué combien, de son côté, l'enfant est habile à observer le caractère de ses maîtres et à profiter de leurs moindres défauts. Cette disposition n'a rien qui doive nous surprendre, si nous songeons que, pour imiter, il faut avoir observé, et que l'imitation est l'instinct le plus précoce, le plus naturel de l'homme. Chez la plupart des animaux, en dehors des actes propres à l'instinct de chaque espèce, l'imitation a besoin d'être dirigée, excitée, tantôt par la force, tantôt par une douceur encourageante, enfin par l'appât de quelque nourriture désirée. Chez l'enfant, elle se produit d'elle-même, à la suite d'une attention toujours éveillée, toujours prête à recueillir les impressions du dehors, et avec le secours d'une mémoire fidèle à les retenir. A sept ans et demi, chaque observation nouvelle est pour Félix une occasion d'exercer sa faculté d'imitation; au retour d'une course en omnibus, d'un voyage en chemin de fer, d'une traversée en bateau à vapeur, il joue à l'omnibus, au chemin de fer, au paquebot; à l'aide de ses souvenirs, il invente un drame plus ou moins prolongé, plus ou moins varié, où il est acteur, et, naturellement, acteur principal.

Mais ce goût de l'observation s'exerce aussi pour lui-même et pour le plaisir d'observer, et il se manifeste par ce que l'on peut appeler des actes de raison. J'en puis citer deux exemples.

Félix a neuf ans. On remarque devant lui qu'une visite qu'on vient de recevoir a été fort courte, que c'était une vraie visite *de jour de l'an;* — « ou une visite de noce », reprend-il aussitôt. A cet âge, il a rarement assisté à des visites de ce genre, mais il en a remarqué le caractère spécial, et il le rappelle à propos, dans un rapprochement qui témoigne d'une certaine fermeté de sa mémoire et de sa raison. Peut-être, il est vrai, répète-t-il une remarque qu'il a entendu faire après le départ des visiteurs; mais alors, évidemment, la parole d'autrui n'a fait que donner à son observation une formule précise qui l'a fixée dans son souvenir.

A six ans et demi, Émilie distingue, sans qu'on l'avertisse, une *naine* d'une enfant de son âge, et elle montre bien qu'elle sait attribuer à chaque âge une physionomie particulière. Cette distinction doit être irréfléchie, car, même pour les intelligences plus mûres, elle n'est guère le résultat d'une étude analytique des proportions du corps et de l'expression du visage, étude dont les médecins et les artistes sont presque seuls capables. N'est-ce pas là aussi l'indice de certains rapports, que nous saisissons bien sans les comprendre, entre l'âme et le corps ? Je laisse aux philosophes le soin d'en décider.

Ce qui est certain, c'est que la notion des divers âges de la vie, et celle même de la vie comparée à la mort, se déterminent et se fixent lentement dans les jeunes esprits. L'idée de la mort devient de très bonne heure familière à l'enfant par les cérémonies funèbres dont il est témoin, souvent, hélas ! dans sa propre famille. Mais il la rattache d'ordinaire à celle d'une extrême vieillesse. A quatre ans et demi, on lui annonce la mort d'un de nos amis qui avait trente-quatre ans ; il demande si c'est être vieux que d'avoir trente-quatre ans. On lui répond que non ; il réplique : « Alors il vieillira dans le ciel. » *Être dans le ciel*, pour lui, c'est donc continuer de vivre ; il applique et il interprète avec sa naïveté la métaphore que l'on a coutume d'employer pour lui rendre tant bien que mal intelligible ce mystère de la mort. Je n'en conclus pas qu'il ait déjà une claire notion de la perpétuité de son être après la destruction du corps, car cette destruction même, il n'a pas encore pu l'observer ni la concevoir ;

mais n'ai je pas le droit de conclure que, dès le premier éveil de son intelligence, l'homme répugne à l'idée d'une fin qui serait le néant ?

La philosophie qui cherche à détruire chez lui cette confiance naturelle, n'est pas un progrès de la raison. Elle ne corrige pas une illusion, un préjugé ; elle mutile plutôt l'homme, elle lui arrache un des éléments de sa grandeur, en brisant un des ressorts de la force qui fait de lui l'être progressif par excellence et qui le maintient au-dessus des autres animaux. Quand nous appelons l'enfant *un petit homme*, nous disons vrai ; la vie est complète dès ce premier âge ; ni l'adolescence ni la maturité n'apporteront rien d'essentiel à son être moral ; elles n'introduiront dans sa raison aucun principe nouveau, dans son intelligence aucune faculté nouvelle. L'âge ne fera que développer les forces préexistantes de son âme.

L'âme, toujours l'âme ! A travers ces études sur les premiers développements de l'être humain, c'est le mot que nous pouvons le moins éviter ; c'est l'idée qui s'impose à nous comme dernière et seule explication des mystères de notre nature. Quand je lis les ouvrages des physiologistes qui s'efforcent de réagir contre ce puissant instinct de notre raison, j'admire les détours, les embarras, les contradictions de leur langage. Pour échapper à ce vieux mot qu'ils dédaignent comme trop peu scientifique, ils recourent à maint néologisme plus obscur encore. Combien j'aime mieux, pour ma part, quand il s'agit des causes suprêmes, soit dans le monde, soit dans l'homme, en revenir aux simples mots *Dieu* et l'*âme*, que nous enseigne la tradition de toutes les langues connues! Je m'attache à purifier de plus en plus ces deux notions de toute alliance avec l'idée de matière, et je vois là un progrès plus réel que dans l'obscure synthèse, dans l'unité contradictoire de la *force* et de la *matière* qu'elle anime.

Si je m'arrête ici, c'est-à-dire vers la dixième année, dans cette série d'observations, c'est, je le rappelle en terminant, parce que, dès lors, l'éducation, la discipline intellectuelle et morale, s'emparent définitivement de l'enfance, restreignant chaque jour le jeu spontané de ses facultés ou le dissimulant sous le grand nombre et la variété des opérations apprises. A partir de cette période, l'enfance, qui sera bientôt la jeunesse, n'a pas manqué d'observateurs et d'historiens.

TABLE

2486. — Imprimerie A. Lahure, rue de Fleurus, 9, à Paris.